はじめまして。

点線面《てんせんめん》

と申します。

点は人、線はそのつながり、面は広がり——。
1つの点ともう1つの点が接し、
つながって線となり、その重なりが面をなしていくように、
星の数を遥かに超える出会いの「次の一歩」から
生まれることに執着＆アウトプットを試みる
リトルプレスです。
点と点が接し、影響し合うことで飛び出す
「ワクワク」の数々にご期待ください。

点線面《てんせんめん》 vol.1 Contents

写真の海にダイブ！　路上の詩《うた》を探し続ける――

表紙デザイン　大森由美（ニコ）
装画　安田弘之『ちひろ』より

巻頭特集

生きづらさを感じる心に効く——

漫画『ちひろ』『ちひろさん』の世界

巻頭特集内イラスト（特記以外）：
安田弘之『ちひろ』『ちひろさん』より

右写真２点：『ちひろ』上・下巻、下写真５点：『ちひろさん』１～５巻(共に秋田書店)。『ちひろさん』は月刊「エレガンスイブ」（秋田書店）にて連載中。

1995年より「モーニング」で2年半にわたり週刊連載され、同名ドラマ、映画の原作としても大ヒットを飾った漫画『ショムニ』。同作を手掛けた安田弘之が、99年から「モーニングマグナム増刊」で風俗嬢を主人公に描いたのが『ちひろ』だ。夜の世界で生きるちひろの物語は、作品の設定からまず興味を引かれるであろう男性（掲載誌の主要読者層）以上に女性たちに広く深く読み継がれ、2013年、今度は女性読者メインの「エレガンスイブ」で続編『ちひろさん』の連載がスタートする。この特集では両作の唯一無二の魅力を、作者と愛読者でもある方々の声とともにひもといていこう。

漫画家・安田弘之が紡ぐ「ありのままの自分」賛歌

ファッションヘルス「ぷちブル」で働く人気風俗嬢ちひろと、彼女に関わる人々の物語が描かれる短編連作『ちひろ』。作者の安田弘之が「自分にとって特別な作品」と語る、『ショムニ』と並ぶ彼の代表作でもある。

ちひろが店でナンバーワンであり続ける秘密は、お客に何かを強いたり求めたりしないこと。男たちは彼女の前で、肩書や役割といった職場や家庭などにおけるすべてのしがらみを脱ぎ捨て、ありのままの自分でいることができる。それを望んでいるのは、ちひろ自身も同じ。「私はつながない　だってあたしもつながれるの嫌いだもん」――。自分に信頼と期待が寄せられ（役割を担うことを求められ）たとき、彼女は心地よく温かな場所から離れてしまうのだった。

『ちひろ』『ちひろさん』主な登場人物駆け足Check!

ちひろ

OLを辞め、ファッションヘルス「ぷちブル」で働く。その後風俗嬢を辞め、「のこのこ弁当」で働くことに。

浜口

「ぷちブル」の店員その1。後輩にあたるカメに比べ要領がよい。店長や店の風俗嬢からの評価も上々。

チカ

「ぷちブル」の新人風俗嬢。19歳の若さと巨乳を武器に入店翌月には指名トップに。性格と頭はよろしくない。

カメ

「ぷちブル」の店員その2。有名私大中退。夢はパティシエで、ちひろに相談後失踪しその道を目指すが……。

店長（ぷちブル）

「ぷちブル」の店長。ちひろから慕われている。後に風俗業界から金魚販売業に職替え。ちひろと再会する。

レイカ

「ぷちブル」の風俗嬢。店ではちひろに次ぐナンバー2。仕事終わりにちひろと「プロ風俗嬢とは」談義も。

イっちゃん

カメラが趣味のOL。街で撮影中、「ぷちブル」時代のちひろと知り合い、たまに会う仲になる。

はるか

「ぷちブル」を辞めたちひろが働いたピンサロで出会った新人風俗嬢。店を移ったちひろを訪ねてくる。

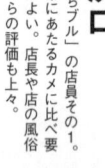

『ちひろ』終了から10年以上を経て登場した続編『ちひろさん』は、風俗嬢を辞めたちひろが弁当屋で働き始めるところからスタートする。店長に提出した履歴書には本名を書いていた彼女は、なぜかその後もかつての源氏名「ちひろ」を使うことに。前職も隠さない。「『風俗嬢でした』というあいさつに　人はうっかりその素顔を見せてしまうものだ」――。社会の最底辺にいる存在として偏見の目を向けられがちだが、それと引き換えに、普段は見えない人の素顔、「本物」の美しさ、素晴らしさに出会うこともできる。彼女にとって風俗嬢とはそういう職業なのだろう。

　源氏名とともにその経歴の先を生きていくことを選んだちひろは、ありのままの自分を獲得し、それを貫けた風俗嬢時代を大切にしている。自分で選んだ人生を軽やかに歩む彼女に周囲の人々は魅了され、影響を受けて自分にとっての歩き方を模索し始める。そして物語を通して彼らの姿を目にする読者も、自らを振り返ることになるのだ。

店長（のこのこ弁当）

『ちひろさん』でちひろが働くことになる「のこのこ弁当」店長。視力を失った妻タエちゃんを支える。

マコト

街に起こった事件に反応したちひろが出会った小学生。シングルマザーの母親が忙しく、寂しさを抱えていた。

永井

「のこのこ弁当」の店員。梅干と漬物作りの名人で得意で店でも使用。毒舌だが家では違う顔を持つ。

タエちゃん

「のこのこ弁当」店長の妻。ちひろが同店で働き始めるきっかけとなった人物。病気で視力を失った。

谷口

マコトが工事現場で出会った建築作業員。ちひろの謝意を拒否するため「のこのこ弁当」に現れるが……。

オカジ

「のこのこ弁当」で働くちひろに興味を持ち、近づく女子高生。自分の家庭に違和感を感じている。

すず

「ぷちブル」でちひろの後輩だった元風俗嬢。弁当屋で働くちひろの記事を見て自らの仕事に誘おうとする。

バジル

風俗嬢時代のちひろが夜の街で知り合った美人ニューハーフ歌手。元店長の金魚販売店を手伝うようになる。

マダム

ちひろが大ファンの野良猫。基本的に人には慣れないが、べっちんには触られていたため、ちひろを驚かせる。

べっちん

オカジと同じ高校を不登校中。親に家からしばしば閉め出されたりしているが、辛い境遇を感じさせない。

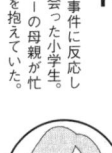

森下くるみ

わたしは体は女性ですけど
精神的な構造が
わりと男子寄りかな、って。

森下くるみ

もりしたくるみ（文筆家、女優）1980年生まれ。秋田県出身。『小説現代』（講談社）2008年2月号に短編「硫化水銀」を発表。2008年に文庫化された自伝的作品『すべては「裸になる」から始まって』（講談社）は映画の原作ともなった。ほか、著書に対談集『らふ』（青志社）、フォトエッセイ集『36 書く女×撮る男』（ポンプラボ）などがある。現在は小説・エッセイ・コラムなど執筆を中心に活動中。

写真:金子山

特別対談

安田弘之×

森下さんの文章を読んで「ちひろがいた！」と盛り上がりましたよ。

『ちひろ』に出会って以来、現在連載中の『ちひろさん』まで、その作品世界に惹かれ続けているという森下くるみさん。自身のエッセイ集『36書く女×撮る男』刊行を記念しての対談の相手に彼女が真っ先に指名したのが、同作を手掛けた安田弘之さんだった。作品にまつわる裏話、森下さんの文章に安田さんが抱いた印象ほか初対面の二人の気になる話の行方は――。

安田弘之
やすだひろゆき（漫画家）
1967年生まれ。新潟県出身。1991年、アフタヌーン四季賞に初投稿し佳作に。4年後に『ショムニ』で「週刊モーニング」（講談社）ちばてつや賞（1995年前期）準大賞を受賞し連載デビューを果たす。同作はテレビドラマや映画で実写化されるほどのヒット作に。その後も『ちひろ』『紺野さんと遊ぼう』『寿司ガール』などの人気作を発表。現在は「エレガンスイブ」（秋田書店）に『ちひろさん』を連載中。

『ちひろ』は踏絵&イモ探知機!?

森下　安田さんの作品を読んだのは店頭で出会ってジャケ買いした『ちひろ』が最初です。その後、ネットで『ショムニ』（※1）などを描いた方だと知りました。『ちひろ』は人に貸したりあげたりしては買い直して本当に何度も読んでいて。だから今回の対談にあたっては自分の好きな漫画を描いている人と話してみたいという素朴な気持ちから安田さんのお名前を挙げさせてもらいました。

安田　『ちひろ』は自分が100%出てしまっているというか、自分の中でも特別な作品なんです。情報もそれほど多くないですし、一見特に読みにくいところもないので誰にでもすっと読めると思うんですが、本当にいろんな読み方をされるんですよね。読んだ人によってその人なりの感想が出てくるので、これを読んでどういう感想を持つかによって、ある程度その人自身がわかるというようなところがあって。だから「踏絵」って僕は言ってるんですけど。

『ちひろ』を何回も読み返すような人には、イモが埋まっているんじゃないかと思うんです。ジャガイモみたいな感じで。埋まっている人と、埋まっていない人がいる。

森下　イモって（表現）、面白いです。

安田　実はイモなんて言うのは初めてなんですが（笑）、いわば地雷みたいなもの。普段人

※1　『ショムニ』
1995年「週刊モーニング」（講談社）で連載スタート。翌96年8月に第1巻が刊行された。タイトルの「ショムニ」は劇中〝役にたたない〟社員の島流し的部署として描かれた「庶務第二課」のこと。ここを舞台に女性陣が大活躍する日々をコミカルに描いた本作は98年4月よりフジテレビ系で放送された同名ドラマの原作となり大ヒット。「ショムニ」は第15回（1998〔平成10〕年）新語・流行語大賞のトップテン入賞も果たした。書影は『ショムニ①』（コミックフラッパー）Kindle版（KADOKAWA/メディアファクトリー）。

に絶対見せない何かを地下に隠している。それを持っている人と持っていない人は『ちひろ』という踏絵を踏むと明らかに分けられますね。こういう感想を言う人はこういうタイプのこういうカテゴリーの人なんじゃないか、とか。がっつり踏んでくる人は、すごく奥のほうに地雷が埋まっている人、とか。

感想をある程度くれるファンの方、すごく熱心に読んでくれる人というのは、その後個人的につき合ってお話ししたりすると、間違いなく地雷が埋まっているわけです。もう、おお～！　ってなるくらい（笑）。それはなぜかというと、僕がもともと地雷持ちだから。地雷を持っている人間が描いたわけですから、その地雷に反応してくるわけです。

森下　ん～、なるほど。

安田　僕の場合、『ちひろ』を好きで読んでくれる人と仲良くなれないわけがないんです。逆に、読んで何の感想も持たない人とは仲良くなれない。だから、たとえば森下さんが『ちひろ』を読んでくれて、なおかつ僕と話したいと思ってくれるのであれば、気が合わないはずはない、っていう。通過儀礼を全部ふっとばした形で『ちひろ』を通して人とのつき合いが広がっていくんです。で、そういう人というのはずーっと噛み（つき合い）続けても味がなくなることはないので面白いんですよ、間違いなく。掘れば掘るほど何か出てくる。向こうにとってもこっちが面白いらしくて、こんな人見たことないってよく言われますね。お互いに面白い。

※2　『ちひろ』上巻に～巻末に収録された描きおろし作品「ブレーカー」のこと。

――そんな『ちひろ』の中で森下さんが特に印象に残っているというエピソードは？

森下　『ちひろ』上巻に不思議だなって思うエピソード（※2）があって。わたしの家、観葉植物めっちゃ枯れるんです（笑）。ネットで育て方調べたりして、たぶん人と同じようにしてると思うんですけど、おおむね枯らしますね。もってせいぜい3カ月くらい。「枯れない」とうたわれているようなものとかも、全部枯れます。これ、いまだに謎で。なんでかなって。

安田　僕もわりと枯らすんですよね（笑）。『ちひろ』で描いたのは、あるときすっごく入れ込んで取り組んで、うまくいくときはすごくうまくいっていたことにある日突然興味がなくなる。どうでもよくなる。――これは自分のことを描いたんですけど、一時ものすごくかわいがって、それこそあちこち正しいとされる育て方を調べて青々と茂らせていたものが、ある瞬間から、なんか視界に入らなくなってくるんです。

森下　いやっ（笑）。

安田　（笑）。興味が切れると枯れていくんです。ブレーカーが突然落ちる感じ、それはわりと昔から自分の中にあったので。

――ちひろも一度は成功してましたけど、森下さんはダメなんですか。

森下　観葉植物はとにかくダメなんです。ただ、前に家庭菜園みたいなの、バジルとかをタンブラーに入れて育てていたのは結構モサモサ生えたんですけど。あるときすっかり忘れて1カ月くらい経って急に思い出して。そうですね、そういうのありましたね。

安田　そういうのありましたね、じゃないでしょ（笑）。
森下　「すっかり忘れてた」ってなるんですよね。
安田　忘れるからなんですよ。関心が途絶えると植物って弱ってきますよ。関心を持って毎日眺めているとどんどん伸びていくんですけど、関心が切れると、面白いくらい、すーっと（弱っていく）。
森下　ね‼　不思議‼　――って、他人事（笑）。
安田　それだ、そのせいなんだ（笑）。人や動物だったらわかるじゃないですか。でも、植物でしょ？　って思うんだけど、植物も実はそうなんですよね。道端に勝手に生えている植物は別に人の興味なんてどうでもいいわけだけど、自分が鉢とかで買ってきて家で育てているものは、関心がなくなると枯れていくというのは露骨に現象としてありますよ。
――対人関係でも、たとえば家族でも友達でも恋人でもいいんですが、ある瞬間、その人に対する興味がばちっと切れてしまうことってありました？
森下　あっ、でも、私も結構プツンと切れるほうかもしれないです。人間関係でも。まあ、いろんなパターンありますけどね。
――プツンと切れるとどうなるんですか。
森下　連絡しなくなります（笑）。この人をテリトリーに入れるとちょっと崩れるな、なんかヤバイってなると。シャットダウンして関わらないようにしますね。

安田作品の主人公に女性が多いのは

――森下さんは現実での人とのやりとりを小説のモチーフにしたり、ご自分の創作活動にフィードバックすることはありますか？

森下　それはないですね。自分の実体験を全くのフィクションに反映したことはほとんどありません。

――安田さんは、たとえば『ショムニ』ではＯＬを主人公に作品を描かれていますが、フィクションの作り方を誰かに教わったり、ご自分で研究したりされることは？

安田　全くの我流です。逆にいうと、僕のやり方は誰も参考にしませんし。そもそも何で女の人描いてるんだ、っていう話ですよ。最初に賞に投稿した作品でもある『ショムニ』にしても、主役をＯＬにした理由は特にないんです。連載が決まったときに一度編集部のほうから男で描き直してみないかって話があったくらいで。

森下　へぇー。

安田　いや、男描けない（笑）、って断りました。そのとき、なんで女の人にしたのかというと、自分は男を描けないからだなってわかったんです。共感できないんですよ。描いていて面白くない上に、男心がよくわからない。ま、これについては、性別には４つあるっていう話をあとがき（※3）に書いたりしてますけど。

※3　性別には～
『ちひろさん』4巻に収録。

森下　あ、はいはい。すごくわかります。

安田　あれなんですよ。自分は男寄りの女の人が好きなんです。

森下　そう（男寄りの女の人）ですね、私は。

安田　僕はその逆で、男なんだけど男がわからないという自分の立ち位置にすごく苦労したんです。どこに自分を収めればいいのか、と。かといって（恋愛対象として）男の人に興味あるといったことも一切ないですし。ただ、これは歳をとって、後からわかったことなんですけど、オス的な部分が全然わからない僕が、ずっと女の人を主人公にして描いてきたっていうのは、当たり前のことなんですよね。自分を一番投影しやすい相手が女だから表現する主人公は男より女のほうが向いているというのは。

――今のお話、森下さんはすごくよくわかるって言われましたが。

森下　4つの性別の話ですよね。私は体は女性ですけど、男性性、女性性でいうと、精神的な構造が男子に近いかなって。

安田　すごく女の人っぽい、あえて今はメスっていいますけど、森下さんはメスっぽい女の人は嫌いだと思うんですけど。苦手って言ったほうがいいかな？

森下　そうですね（笑）。

安田　仲良くなれないし、気持ちがよくわからないと思うんです。雄雌が強い人、雄性の強い男と雌性の強い女っていうのは、それぞれ共通のマッチョ（思想、体質）なんですよ。

そのマッチョたちが何をしてくるかっていうと、必ずマウントとってくるんです。

森下　（笑）。

安田　自分が性的に有利であるってことの証明が何よりも大事なことなので、男の場合だったら、筋肉をつけて力を誇示する。女の場合だったら、私のほうがモテる、きれいだというところでマウントとってくるわけですよね。僕はこの感覚がまったくわからないんです。そこでいくらマウントとられてもまったく構わないし。負けてるほうでいきますよって。僕は自分の漫画の中で、男で雄性の強い人、女で雌性の強い登場人物というのはほとんど描いてないと思います。チョイ脇役とかにはいますけど。ちひろ自体がものすごい男なんですよこれ。女の人じゃない（笑）ですね。

今回の森下さんの本（※4）を読ませてもらったときに、「これ『ちひろ』じゃん」ってびっくりしたんです。振る舞い方とか考え方とか、見てる風景とかが、ちひろにかなりかぶってて。僕はあとがき（※5）に、「本当に彼女は存在するのです」って書いているんです。自分の中ではちひろはマンガの登場人物、キャラクターではない実在の人物として見てほしいし、どこかで生きてるっていうふうに読む人は思ってくれたらいいなとは思ってるんですけど、じゃあちひろに似た人がそこらへんにいるかって言ったら、そうそういないわけで。ただこれ読んだら、「おいおいいるやん」って（笑）。しかも森下さんの経歴からしても、「ここまでかぶる？」って感じでしたし。だからものすごくうれしかったです。

※4　今回の森下さんの本『36　書く女×撮る男』（→P78参照）。

※5　あとがき『ちひろさん』1巻に収録。

――ちひろに似ているといわれて、いかがですか？

森下　いや（笑）。どうでしょうね。自分ではわからないです。自分のことは。――でも、どこかに描いてあったんですけど、アホさって大事ですよね。女子の。

安田　そう、大事ってされてますけど、僕はアホさいらないです。

森下　え、そうですか（笑）。

安田　アホなふりされるより賢いところをガンガン見せてほしいですね（笑）。

――そのアホさっていうのは、ある種の愛嬌として出てくるようなもののことでしょうか。

安田　天然ならいいんです。ほんとにわかんないとかならいいんですけど、こうすると男喜ぶよねって感じでやってる人もいますよね。でもいらないから、そういうのは。

森下　あー（笑）。

安田　――っていうことを言う人はあんまりいないらしいですけど。

僕ね、キャバクラってダメなんですよ。誘われても絶対行かない。大勢でわちゃわちゃーってなってるところって、女の子は顔作ってるじゃないですか。人って、人数に応じてどんどん顔を作って、変わっていくんですよ。だから、僕は大人数で飲むの嫌いなんです。疲れるんですよ。あと、会話も面白くないですね、だいたい。みんなが「これOKだよね」っていう一番の安パイを持ち寄って回してるわけであって、最大公約数のことをわちゃわちゃやって終わるだけ。突っ込んでその人自身が見えてくるわけでもないし。

僕が面白いと思っているのは、その人の根っこの部分がどういうふうに目の前のその人に繋がっているかなっていうことなんです。そこに興味があるので、サシじゃないと、人って自分の顔を出さないですよね。頭のいい人ほどバカなふりしたりとか。

キャバクラにいる女の子は男好みの女の子の顔をすればいいだけであって、そこでその顔で相手されている自分っていうのも全然（楽しくない）。頭数として処理されてるなって感じで（笑）。だから、なるべく行きたくない、っていうのがありますね。『ちひろ』でも描いている店舗営業の風俗店には行ったりしてたんですけど、なんでそこに行くかというと、必ずサシになるわけですよ。それが僕にとってはものすごく大事なことなんです。

その現象と行動の底にあるもの

安田　僕にとって人の悩みほど面白い、興味深いものはないです。「なんで？」「なんで？」って、人の悩みからちょっとずつ、どうしてそうなるのかを解いていくのが一番面白いことなんです。いわゆる普通の人ってそこまで考えたり、突っ込んだりしない。「ま、こういうこともあるけど慣れていくか」って感じなんだけど、僕は心について、どうしてそうなるかっていう方程式みたいなものを解いていくのが面白い。森下さんの本でいうと、「姉弟」という項で弟さんの彼女がとにかくヒドイというお話がありましたが――。

森下　早川義夫さん（※6）も食いつかれてました（笑）。昔から弟はずーっとそんな目にばっかり遭ってるんです。どうしてなんでしょうね？

安田　弟さんがそういう人を選んでるんです。

森下　はっ！（笑）

安田　弟さんの場合はね、明らかにこうなる要素がある（自分にヒドイことをする）相手しか選ばない。そういうセンサーを持ってるんですよ。

森下　自分で意識するようにしてもダメなんでしょうか。

安田　なんでそういう人を拾っちゃうのかなっていう原因のところまで、自分の中で自覚しない限りは難しいですね。危なっかしいタイプの女の人と、自分を幸せにしてくれるタイプの女の人を並べて一方を選ぶという場合、100％ダメなほうを選びますから。弟さんは間違いなくそういう人を選ぶ回路ができているんですよね。この回路って結構子どものときにできちゃうんですよ。たとえば親が問題のある人だとするじゃないですか。でもその親である大人に寄生しないと子どもは生きていけないので、それに合った自分自身の回路を作って目の前の非常識な環境に適応しようとする。でもいったん作ると、この回路が普通の世界に出たときにも発動してしまう、非常識が当たり前になるんです。非常識がないと自分の中で安心できないんですよ。人間なじんだ環境が一番安心するわけで、始終渦に巻き込まれて安定とか安心とかを知らない環境で育った人がいきなり凪の海に出ると、

※6　早川義夫
歌手。現在は音楽活動に加え、著述業としても活躍。著書に『たましいの場所』（ちくま文庫）ほか。「食いつかれ」た模様は『36　書く女×撮る男』巻末収録の対談にて紹介されている。

居心地が悪くてしょうがないから自分から渦に向かっていっちゃうんです。森下さんはそういうことないですか？

森下　わたしは特にないですね。逆に自分が男子からもし弟が彼女たちからされたような目に遭わされたらやり返しますね、すぐに。物を投げられたら、もっと重い物を投げ返すと思います。そうなったことはないですが、キレたら何するか自分でもわからないです。だから必死に抑えてます。

安田　だとすると森下さんと弟さんとは作りが全然違うんじゃないかなと思いますけど。僕は男3人兄弟ですが、兄や弟とはまったく違います。一つ屋根の下、同じ環境で育った兄弟には同じことが起きてるはずなんだけど、受け止め方はそれぞれなんですよね。

――安田さんがそういうふうに心理をひもとくといったことをされたり、それについて学ばれたりするようになったのは、漫画を描かれるようになってからですか？

安田　いやいや、その前からずーっと、自然に入ってくる情報を駆使して、こう考えると自分のしんどさの謎が解ける、パズルみたいにすごくこんがらがっていた状態がほどける、みたいな感じで自分でやってきていたんで。特に勉強したりというわけじゃないですね。自分のしんどさの謎をほどいたときのノウハウを使って人をほどくと、ほどけたりするんですよ。自分のことが人のケースにも当てはまったりするというのが面白くてそういうこと（カウンセリング）をやっているというのもありますね。自分としてはその人が自分自身と対話するきっかけになってくれればいいわけであって。ほとんどの人ってそこまでやらなんですよ、忙しいから。それで考えないようにするってことで対処してるんだけど、実はしんどさを抱えていることを自覚している人は、そこに目を向けて考えたほうが（しんどさから抜け出す）近道なんですよね。

作り手には引きの視線がある

安田　森下さんのことは以前から知っていたんですけど、いろんなＡＶ女優さんがいる中で、明らかに雰囲気が違ったんですよね。ほかの人とオーラが違うなと思いながら見てました。で、その違いって何なんだろう、って考えたときに、この人はいろんなことが全部わかった上で、あえて自分の体を使って実験しているような感覚を持っている人なんじゃないかな、と。あくまでも自分の想像なんですが、そんなふうに思っていたんです。で、こういう（執筆）活動をされているのを見ると、あ、なんだやっぱりそうだったな、って。

自分自身に対する実験感覚があるってことは、引きの絵がある人ということなんですよね。自分がやっている行為をここのカメラともうひとつ後ろのほうから客観で映しているカメラがあって、今こうしている自分をこのカメラで映して、両方見てる人っているんだと思うんですが、森下さんは間違いなくそういう人だと思います。引きのカメラを持っている人というのは、ものを作ることが向いている人なんですけど。目の前のことに没頭してやってはいるんだけど、その目線だけじゃなくて、それを客観的に後ろに引いて見ている冷めた自分っていうのがずーっとつきまとっているという。先ほどの本の「夜中」の項で出てくる徘徊行為にしても、森下さんは徘徊している自分をカメラで追ってるんですよ。それが映像作品として蓄えられるんです。なんかそういう不思議な空間を演じている自分がいて、みたいなことを自分で遊んでいるんじゃないかなって思いました。

ただ、AVというのはものすごく先入観を持たれる仕事じゃないですか。ものを作る＝書き手となったときにその先入観をかい潜ってくる人（読者）って珍しいと思うんですけど。

森下　ひとつまみくらいはいますね。やっぱり肩書きのほうが先立つので、なかなかそういう部分には反応してもらえないものなんですけど。

安田　でもそのひとつまみがすごくオイシイひとつまみじゃないですか？

森下　（笑）。

安田　『ショムニ』もそうなんですが、『ちひろ』『ちひろさん』は社会的に偏見を持たれがちな人たちがのびのび生きてるっていうドラマなんですよね。コンプレックスにしようと思ったらとんでもなくコンプレックスになることを、逆に先に言っちゃって、あっけらかんとしてるみたいな。それが何か～？　みたいな感じで（笑）。そこが気持ちいいなと思って僕は描いているんです。

※この記事は『GQ JAPAN』サイトと共同で行った対談から構成したものです。紙幅の関係上、紹介できなかったエピソードもサイトにはUP予定。そちらもご一読を！　http://gqjapan.jp/

ちひろさんとわたし

森下くるみ

小学生の頃は、とにかくたくさん漫画を読みました。新刊、古本、漫画雑誌、新聞の四コマ、空き地に棄てられた劇画タッチのエロ本、少年向けも少女向けも、ホラーもギャグもアクションも恋愛も、ジャンルに関係なく、手あたり次第に。

毎月購入する雑誌もあれば立ち読みで済ますものもあったし、近所に住む友達に漫画本を借りたり、わたしが貸したりもしました。中学生の時には、漫画好きの友人三、四人と一冊のノートにリレー式コマ漫画を描いて、出来上がった漫画の予想外の面白さに、みんなでゲラゲラ笑いました。漫画を読むことやイラストを描くことは、わたしにとって心の潤いでした。

好きな漫画を三つ選んでくださいと聞かれたら、答えとして用意しているタイトルがあります。十年、いや、三十年は不動のままでしょう。

まずは、『うしおととら』。獣の槍を扱う少年・蒼月潮と伝説の大妖怪とらとの冒険譚はアニメ化もされ、連載開始から何十年経っても読み継がれています。

わたしはこの漫画のテーマにある「見えないものに対する畏怖の念」に強烈な影響を受けました。見えないものとは、魂、気配、その他人間が支配できない世界のことです。畏れ、敬い、かしこまること――といっても難しくはなく、ばあちゃんが毎日神棚にお米と線香を上げ、仏壇に向かって手を合わせる、あの慎ましさと同じものを見つけたのです。

そして、二つ目に挙げるのが『東京ＢＡＢＹＬＯＮ』。主人公の皇昴流は陰陽師一族の若き当主、という設定。人間の発する強い念がやがて邪になり呪いとなる。「うしおととら」でもたびたび見られた現象です。大人になって読み返してみたら、東京に生きる人々の闇の部分に焦点を絞り、相当ディープなところで話を展開させていることに「げっ」となりました。「理不尽さ」や「報われなさ」をかき集めて煮込んだような漫画を、子供の頃のわたしは噛み締めるように読んでいたんです。人間は信じるに値するものなのか、裏切りはなくならないのか……自意識過剰で内向的な性格だったせいで、そこまで思い詰めて読んでいた気がします。『東京ＢＡＢＹＬＯＮ』で繰り返し描かれたのは、人の心の底に澱のごとく沈殿する「寂しさ」でしたから。

三つ目の漫画が『ちひろ』です。二十代後半、興味の持てる漫画が極端に少なくなって、漫画本は滅多に買わなくなっていたんですが……（買ったとしても旧作がほとんど）。

ちょうどその時、わたしは『らふ』というタイトルで、ＡＶ女優の子へのインタビューを対談風にしたものを書き進めていました。その本で伝えたかったのは、「アダルト業界は特殊な世界だけれど、生命力ひとつで世を渡る、逞しくて面白い子がたくさんいる。ＡＶ女優と一括りに言っても実に多様で、彼女たちは不幸でも何でもなく、自分の幸せを自分で決める自立した人間なんだ」ということ。

だから、そういう状況下で出会った『ちひろ』という漫画は、執筆するにあたってお守りのような存在となりました。

唯一無二の風俗嬢・ちひろは言い訳などしません。誤魔化さない、卑下しない、哀しい、苦しいと嘆かない。男や恋や愛に固執しない。「かっこいいなあ。ちひろみたいに生きたい！」なんて思いがちですが、ここに至るまでに通った道でない道を想像すると、真似するどころか憧れを持つのも躊躇します。ちひろを見ていると、依存したり執着するのがいかに楽であるかがわかります。

で、確信を持ったのです。わたしにとって、漫画とは哲学であると。

でも、キャラクターの価値観を自分の思考パターンに取り込みたいわけではありません。何か教わるために漫画を読むのでもないし、安易に共感したりもしません。ただ、

描かれた人物の傍に寄り添ったり、少し離れたところから見つめたりしながら、「うん、そうだね」「わかりますよ」とだけ言いたいのです。対話がしたい。たぶん、そういうことなんです。

だから、基本的には漫画に人生の回答など求めません。キャラクターがどうしてそういう行動をするのか、過剰な説明もいらないです。わからなければ自分なりに考えます。

「何で風俗嬢になったの？」「何で急に弁当屋なの？」「これからどうすんの、結婚？」本当に、どうだっていい。イチ読者のわたしは弁当屋で接客するちひろを楽しく見守るだけです。

『ちひろさん』の四巻で、道具屋街に売っている陶器や竹籠に目を輝かせていたちひろが、渋い出刃包丁に一瞬で心奪われるシーンがありますが、わたしの家にも自分の名入り出刃があるので、思わず笑ってしまいました（その前の食品サンプル談議や銅製の玉子焼き器にも）。

出刃はすぐに錆びるから、こまめに研がないといけません。築地市場界隈の道具屋さんでMy出刃を研いでもらってるちひろさんを、わたしは今ひとり勝手に想像しています。

わたしの『ちひろ』体験❶

植本一子さんの場合

『ちひろ』は出会って以来、ずーっと一緒です。

２０１６年２月刊行の『かなわない』で書き手としても稀有な才能を発揮、熱い注目を集める写真家の植本一子さん。『ちひろ』とその作者である安田弘之さんとの関わりは深く、『かなわない』には植本さんの気づきを支えるキーパーソン＝「先生」として安田さんが登場している。植本さんに『ちひろ』と出会うまで、出会った頃のこと、その後生まれた安田さんとの交流などについてうかがった。

植本一子
うえもといちこ
1984年生まれ。広島県出身。2003年にキヤノン主催「写真新世紀」で荒木経惟氏より優秀賞を受賞。以降、写真家として広告、雑誌、CDジャケット、PV等で幅広く活躍する一方、ブログで執筆活動をスタート。著書に『かなわない』（タバブックス）、『働けECD わたしの育児混沌記』（ミュージック・マガジン）がある。
http://ichikouemoto.com/

『かなわない』
（タバブックス）
写真家・植本一子が世間的な常識と自身の間に生じたさまざまな葛藤を見つめながら綴る、結婚、家族、母、生きづらさ、愛……について。ブログに掲載された約5年間の日記と書き下ろしを含む散文で構成。

写真:点線面編集部

“何か”を感じた『ちひろ』との出会い

――『かなわない』には植本さんが愛読する漫画の作者である「先生」こと安田弘之さんとのメールのやりとり（カウンセリングの模様）が収録されています。安田さんにカウンセリングを受けるきっかけとなったその漫画『ちひろ』と植本さんが出会われたのは、いつ頃だったのでしょう？

20歳くらいの頃だと思います。学生のときでしたね。どこかで読んだ紹介文に妙に引っかかるものがあって。内容としてはこの帯コピーにあるようなもの（※1）だったと思うんですけど。そういうことってたまにあるんですが、『これは何かあるな』って感じたんですね。買ったのはこれ（秋田書店発行の上・下巻）ですが、この前に出ていた白っぽい表紙の完全版みたいな一冊（講談社刊）、その存在も知っていました。

――初めて読まれたときの印象は？

ああやっぱり、これだったんだなーと。私、本はけっこう処分しちゃうんですよ。本当に残しておきたい本だけを残すんですけど、『ちひろ』は出会って以来、ずーっと大事にしてきました。

――今のお話からも植本さんは直感の人という印象が強いのですが、一方で、まだ広島にいらした高校時代に「写真新世紀」に初めて応募された際のエピソードについてのお話などからは、以前からかなり意識的に自己プロデュースをされている面もあるのかなと。ご自分ではそのあたりについてはいかがでしょう。

※1　帯コピー
上は『ちひろ【上】』、下は『ちひろ【下】』のもの。それぞれ秋田書店刊。ちなみに植本さん所有の初版バージョンのコピーは「どんなダメ男も受け入れてあげる。」（上巻）、「好きよ、大好き。」（下巻）。

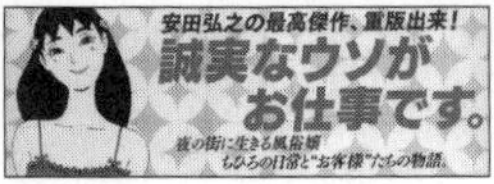

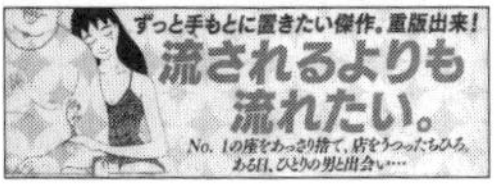

写真を応募するにあたっていくつかある新人賞の傾向などを調べはしましたが、その中から「写真新世紀」を選んだのは――やっぱり〝勘〟なんですよね。これならイケる、みたいな。自己プロデュースというよりは、昔はとにかく表に出なきゃ、と思って、そのためにできることをしようとしていました。「表」というのは、家の外という意味でもあり、世の中に、という意味でもあります。必死でした。

――そう思いはじめた時期、情報などはどのように得られていたんですか。

小さな頃から書店やレンタルショップによく行っていたので、わりと外から情報を得ることも多かったような気がします。インターネットはぎりぎり始まったくらいですね。

私が確か小学生のときにＷｉｎｄｏｗｓ95が出たんですが、うちはすごい田舎なのに自宅にパソコンを導入するのはわりと早かったんですよ。それで小学校の頃からパソコンには触っていたんです。中学に入る時点ではまだ自分のパソコンはなかったんですが、親のでチャットしたりしてましたね。好きだったミュージシャンのファンサイトみたいなところで。流行りましたねー、懐かしい。田舎だったからよけいだったのかもしれませんけど、もともと知的好奇心が旺盛で、人とつながりたい、交流したい、外に出たい！　という気持ちがすごく強い子でした。

――ご両親は本や音楽がお好きだったんですか？

どっちかというと、父ですね。クラシックマニアで。本当に小っちゃいときは、一緒に

本で“大きな世界”を知った子ども時代

オペラを観に行ったり、ピアノを習わされたり、という感じの家でした。レンタルショップにはお目当てのCDの発売日をはじめ、本当に足繁く通っていましたね。映画も観ていましたけど、でも、音楽が先かな。

本を読むことも好きでした。先日、中井（新宿区）にある伊野尾書店さんから夏のフェア用に一冊選書を、というお話があって、何にしようかなーって思ったんですけど、結局、山田詠美さんの『ぼくは勉強ができない』を挙げました。いちばん最初に自分で買った本がそれなんですよね。小学生のとき。

――早いですね！

早いですよね。よく読めたな、って（笑）。わかっていたかどうかはともかく、ここにはない大きな世界があるんだ、っていうことを知ったのはやっぱり本からでした。

――世の中にはこういう男の子もいるのかも、とか？

そうそう。本は「ここじゃないどこか」に連れていってくれるから好きでした。こういう世界があるんだったら外に出たい、ここにはいたくない、っていう気持ちがさらに膨らみましたね。

――もともと本にアンテナを張る姿勢のあった植本さんが『ちょっと傾向の違う面白そうな本がある』と反応された中のひとつが『ちひろ』だったんですね。実際読まれてみて、ほかの本に比べて刺さり方が違った、といったことは？

『ちひろ』に出会ったのは、上京後、自立ができなくてけっこうしんどかった時期だと思うんですよ。自立ができないっていうのは、私は彼氏がいなかったときがわりとなくて。ずーっと彼氏がいるんだけど、でもそういう自分をやばいとも思ってなくて……。

――え？　普通、いないとやばいと思うんじゃないですか。

いつも彼氏がいる＝ひとりでいることができなかったんですよね。そのときはメンタルのこととかには全然興味がなくて、自分はこういうもんなんだ、って思ってたんですけど。でも自分と照らし合わせる、というわけではないけれど、なんだか『ちひろ』は引っかかったんです。うまく言えないんですが。わかる感じがするなーと。

で、実際読んでみたら、とにかくドンピシャでしたね。ドンピシャ感がすごかった。その頃は自分が親の影響でこういう状態になっているといったことも全然わかっていない時期で。親元から飛び出して東京に出てきたのはいいけれど、なぜかひとりでいられない自分に焦りが出たり、とにかく情緒不安定だったんです。でもメンタル関係の本を読むという手があることもわからなくて。うーん……というときに、『ちひろ』は初めて出会った自己啓発、メンタル的な答えをくれる存在に近いもののような気がしましたね。

――いわゆる自己啓発本とは違う、本当の意味で自己啓発的だったというのはわかるような気がします。

そうなんですよ。はっきりと気づいてはいないけど本当は自分が行きたいと思っている

自分の内面に『ちひろ』で向き合う

ところに向かうカギになるものをくれたというか。それまでは全然、そうした視点で本を読んでいなかったし、自分の内面を掘り下げようと思ったこともなかった。結果、どうしていいのかわからなかった。その頃読んでいたのは普通の小説、村上春樹とかでしたね。あ、あとはすっごく流行っていた『世界の中心で、愛をさけぶ』を読んで、泣けない自分はなんなんだろう、って思ってました。世の中の大筋に乗っかれなくて、あれ？　って。乗っかれるとラクじゃないですか。

――でも傍目には植本さんも彼氏のいる幸せそうな女の子に見えたんじゃないですか。

うーん。でも実はそんなにいいつき合いでもない、っていうか。

私が人とまじめにつき合いだしたのって東京に来てからなんですよ。高校のときは友達同士で遊んでるほうが楽しくて、でも好きな人はずっといるって状態だったから。

それが、東京に来て人と関わる、特に男の人と一対一で関わることで、どんどん自分がわからなくなっていった。ひとり暮らしだったというのもあるんでしょうけど、今考えれば、とにかく依存性が強くて、男の人とつき合うと毎回すごく苦しい思いをしていました。

男の人と一対一でつき合うということから勉強したというか、自分と向き合わざるを得なくなった。『ちひろ』はそんなときに出会った本だったんですよね。

――その10年以上後、２０１３年３月に『ちひろさん』の１巻が刊行されましたが、これについてはどう思われましたか。

　1巻が出たのはTwitterで発見したんですよ。それで、わーっ！　て思ってすぐ買いに行きました。本当にうれしかったですね。またちひろに会えた！　って。『ちひろさん』でのちひろは、すごくスッキリしたなと思いました。完全に「性」が抜けて「生」になったなーという印象。

　ただ、あのときはほんと、当時の彼氏としんどい時期だったんですよね。安田先生にカウンセリングをしていただいている時期で、ちょうど2年前だった。その後、下北沢のB&Bで安田先生とのトークショー（※2）を行ったんですよね。トークが終了してからサイン会もあったんですが、先生のカウンセリングの会みたいになって。

　でも、そういう機会に話しかけてこられる人は多くても、私のようにがっつりカウンセリングに至る人というのは、かなり限られるようですね。先生に「その後いかがですか」ってうかがったら、「やっぱり救われたい、変わろうとする強い気持ちがないと、難しい。救える人はほんのちょっとだよー」と言われてました。

――安田先生が植本さんのカウンセリングをされるようになったのは――。

　それは『かなわない』に書いてある通りですね。

　Twitterで先生をフォローして。『ちひろ』がすごく好きだったし、『ちひろさん』にも会えてとってもうれしい、ということを伝えつつ、そのとき少しだけ、ちょっとしんどいんですよねー今、生きづらさみたいなのがあって……ってことを書いたんだと思いま

※2　トークショー
植本さんが下北沢の書店B&Bにて不定期で開催するトークショーイベント「先生おしえて！」の第1回。2014年8月23日、「漫画家安田弘之さんに聞くわたしの生き辛さのワケ」と題して「依存に依存しない生き方」をテーマに対談が行われた。

「先生」のカウンセリングについて

す。そのときブログ（「働けＥＣＤ」）は書いていて、しんどいしんどいって思いながらやっていたんですが、それについて、先生からそのしんどさについてなんでもいいからちょっと教えてみて、といった感じで連絡をいただいて。

——そこからご自身の過去や内面について安田さんのサポートを受けながらひもとく作業をはじめられるわけですが、そこから得られたものなどについてお聞かせください。

答えはもう、もらったんですよ。もらったというか、先生とのやりとりを通して自分でわかってきました。自分の弱さや、生きづらさの原因になっていると思われるものが。ただ、答えはわかってるんだけど、クセで何度もそちらに戻ってしまったりする。でも答えがあるので、そこにまた立ち戻ることができる、という状態ですね、今は。

——「答え」というのは「指針」のようなものですか。

そうですね。自分で答えはわかっているし、安田先生という存在もいるので。本当に助かってます。『かなわない』が出てからも先生に連絡しますよ。またしんどいです、みたいなことをチャットでお伝えしてみたり——うん、本当に自分にとって大きい存在です、先生は。

——『気がつけばいつも病み上がり　本当にあった安田の話』（※３）で安田さんは学生時代の鬱状態のときのことなどについても描かれていますが、自分を見つめて認めることでラクになる、救われる、ということが実感としてわかるから、苦しんでいる最中の人に手を貸したいと考えられているんでしょうね。職業カウンセラーとは違う「自分が救いたい人のみを相手にする」というスタンスで。作品を手掛けられる方なので、カウンセリングはご自身の引き出しを増やされることにもつながるという意味で、本当にフィフティ・フィフティな意識で取り組まれているのかなと。そう考えると、なんて健康的なカウンセラーだろう、って思います。

いつ連絡をとってもいいということだったので、カウンセリングがはじまって最初のうちは、先生に依存してたと思うんですけど。普通の先生だと病院の時間もあるし、そうはいかないじゃないですか。でも先生のやり方は、一定期間はみっちりその人に関わるんですね。シェルターじゃないけど、いつ何時どんなことがあっても先生とつながれるというのは、すごく大きかったですね。そういう場所ができたから、今もわりと自分を強く持てる。そういう存在がいない人は、本当にしんどいよな、と。先生がいなかったら自分はほんとやばかったなーって、思いますよ。いつまでたっても誰かに依存して、依存していることにも気づかず。気づいているけどどうしようもなく。沼を這っているような人生になったのではないかと。

今は、先生からは「休め」って言われてますね。まだできるっしょ、って感じでなんでもやり続けてしまったり、必要とされないとだめなんだーっていう思い込みからやりたくないことをやって自分をすり減らしたりもしているので。自分の中の子どもの声、その子

※3　『気がつけば〜』さまざまな病気をテーマにとったエッセイ漫画。秋田書店刊。

カウンセリングがもたらした変化

の話を全然聞いてないから、そうやってしんどくなっちゃうんだよ、って言われます。

――そうしたストッパーというかトレーナー的存在の「先生」が、それ以上やるとやりすぎだよーといったことを言ってくれるからセーブできるという面もあるんですか？

いいや、それは違いますね。先生は結局、他人だから全部はわかんないじゃないですか、私の限界は。それはあくまでも自分が自分で管理するというか。先生からは、自分の中に小っちゃい子がいて、自分がその子の声を聞いて、なぐさめたり休ませてあげたりすることで自分がラクになるんだよ、ということを言われます。だからそういう自分の内側の声を聞きなさい、と。自分のことがわかるのは自分だけなんだから、ってことですね。

――カウンセリングをはじめられて、植本さんが変化するのにともなって周囲が変わった、といったことはありますか？

仕事はすごく増えましたね。『かなわない』を出すことによって、もう戻っちゃいけないっていう決意ができて。そこからはもう『かなわない』モードというか、書き下ろし含めこの本をつくること、売っていくということに完全にシフトして集中したのもあるかもしれません。同時に写真の仕事もとても忙しくなりましたね。

――以前はつらさを感じることも多かったと書かれていたお子さんたちとの関係などは？

娘たちはかわいく思えるようになりました。成長してだいぶ意思の疎通ができるようになったということもあるかもしれませんけど。うん、すごいかわいいですよ。

前の彼氏とつき合っていたときは、やはり彼に対してどこかで家族がいることが後ろめたいと思っていたし。でも『かなわない』を出したことで、結婚していても自分に好きな人はできるし、といったこと、自分をそのまま自分で認められるようになって。で、そうした自分をすごくいいね、って言ってくれる人もいて、すごくラクになりましたね。本当に。

――これまで植本さんは「感覚」を信じて行動してきたと言われたり書かれたりしていますし、ご自分でも「引きが強い」と感じられることも多いようですが。選んできたことはやはり間違っていなかった、という自覚は――？

ある。あります。

今も苦しいことはいろいろありますが、この苦しみ含め間違っていないというか、自分が成長するための試練だと思っています。そう。自分が選んだことによっていろいろなものが生み出され、そしていろいろな人に渡っていくのではないか、と。

――それでは最後に、「先生」こと安田弘之さんに向けてひと言お願いします。

えー、安田先生に？　――「長生きしてほしいです」。

――ちひろにもひと言。

ちひろにはねー、「尊敬しています」。

まあ、ちひろは先生でもあるから。長生きしてほしいし、尊敬してますね。

わたしの『ちひろ』体験❷

いおさんの場合

『ちひろ』は、〃未来〃。自分がありたい姿を体現していた。

『ちひろ』と作者の安田弘之さんに支えられ、生きづらさを抱える自らを見つめ、「生」に向かう力を得る人は少なくない。その道程は当然のことながら一人一人異なるが、ここではいおさんにご自身の歩みについて教えていただこう。

文・イラスト　いお

いお
武蔵野美術大学卒業。仕事は美術系。薄給激務で清貧。一番ほしいのは休み。趣味は歌と料理。トラブルは嫌いだが考えるきっかけは愛している。今興味があるのはミヒャエル・エンデの思想。さそり座。
http://blog.goo.ne.jp/iojjj

異性の壁

「自分が異性に好かれることは恐らくありえない。誰かを好きになったとしても、相手にとって私の好意は迷惑になるだろう」――。

これは私の18～24歳頃の思考回路。そのため異性を好きになる度に心を抑え込み、恋愛を〝発症〟しないよう気を付けていた。

だが抑えるほどに心は暴れまわり、その解析に躍起になり（自ら蓋をしているくせに！）、ついに観念して『私は彼が好きなんだ』と自分の気持ちを認める。だが時すでに遅し。相手には恋人がいたり、遠くに行ってしまったり、というお決まりのパターン。しかもこれが大体1～2年のスパンで起こる。出会いの多い環境でもない。結果しつこく想い続け、泣き暮らすことが日常となる。

そもそも「異性とつき合う」ということ自体、よくわからなかった。恋愛シミュレーションやエロゲは一通り体験していたが、自分が？　誰かと？　楽しく？　という現実感のなさ。それは果てしなく遠い神話のような存在だった。だって私は「外では一応陽気にも振る舞えるけど、物凄く陰鬱で、その暗さは自分だけでなく他人も食い潰す」と信じていたし、実際そのような暗闇に住んでいたから。

そんな時、ある異性からわかりやすい（わかりにくいと「あるわけないよね蓋」で可能性を排除してしまう）アプローチをされ、24歳にして初めて「おつき合い」に至る。

当時、多くはないが、ある程度友達がいた。人の中に自分の存在があるとわかると嬉しくて、メールが来ると真っ先に返信し、誘われると必ず顔を出した。一番に彼らを優先した。自分よりも。

友人でこの有り様だ。彼氏の特別感は相当なもので、一緒にいるだけで楽しく幸せを感じられた。

しかし、その彼氏から次第にモラルハラスメントを受けるようになっていく。学歴信仰と暴力のある家庭で育った彼は、出身校である有名大学について誇らしげに語った。他人を馬鹿にするのはいけないことと言いながら、薄らと人への侮蔑心を持ち、それを隠すことを良心と捉えていた。潔癖で崇高な存在でありたいと考え、私にもそれを強要した。だが彼の視野と許容範囲は狭く、私の良心とは到底折り合いのつくものではなかった。暴力は軽蔑対象なので物理的暴力こそ振るわなかったが、言葉を扱う仕事をしていたため、話術で追いつめる方法は熟知していた。本人はそれを「言葉の暴力」ではなく「正義の行使」と考えていたようだ。

機嫌を損ねると手を繋いでくれない。寂しさがベースの私には効果てきめんで、悲しくなる。そこで「自分が何をしたか、どう悪かったか考えて」と告げられる。必死で考えても心当たりは全部ハズレ。日を置いて「どうしてもわからないから教えて」と聞くと『そんなことで?』という内容。彼のほうは「人に失礼なことをしているとと教えてあげた」というスタンスだった。圧倒的に私より〝上〟なのだ。

別れは、私が計画したサプライズがきっかけだった。私がよからぬことを企んでいると勘繰った彼は激怒。嵐のような罵倒にただ震えた。喜ばせようとしてこの仕打ち。どう考えても別れて正解だったが、当時は悲しかった。彼の辛い生い立ちは知っていたが、救い出すことはできなかった。

だが彼よりよっぽど可哀想なのは自分……はさておき、疑心暗鬼な環境で育った彼は、防御反応として人を攻撃する。たとえ不安だとしても人を攻撃する人とつき合ってはいけない。とはいえ、良い所もあった。私は自分をほったらかし、「良い所幻想」に囚われていった。

薄氷の友人

当時私は大学の友人たちと女3人でルームシェアをしていた。奥手で人の言うことを聞きすぎる傾向のあった私は「こういうことがあったの、どうしたらいい?」と何でも相談することが善と思い込んでいた。そして頭の回転が速く恋愛経験も豊富な友人が出してくれた明快な解答に従っていた。気持ちが置いてけぼりのまま。

※1　石井ゆかりさん
星占いをされている。今や超売れっ子。彼女の言葉は人の本質を丁寧にひもとく。

今考えればそれはとても嫌なことだった。私が決めたことではないから。でもわからなかった。微妙な不快感があったのに深く考えなかった。それよりも気持ちの収め所が早くほしくて、一度で正解に辿り着きたくて。何となく「これは駄目なのでは」という嫌な気持ちに気付かないふりをした。自分の中で結論が出ていないのに、人に答えを聞いてしまう。これは怠慢だ。

その彼女が二股の後、彼氏を乗り換えた。不要とされる人の悲しみに共感する私にとって、彼女が自分の都合で他人を排除したことは実に腹立たしいことだった。おまけに彼女はそれを私ともう一人の同居人に「秘密」として話すのだ。私の良心ではアウトなことが彼女にはセーフで、そのうえ黙ることを期待される。それは勝手に共犯者に仕立て上げられた気分で、大きなストレスだった。

ほかにも掃除分担の負担等、同居にまつわるイライラも蓄積。幸せそうな彼女の姿がとにかく不快だった。妬み嫉み。『私はこんなにしんどいのに、何であんたはいい所だけ持っていこうとするの？』。水面下で基盤はとっくに壊れ、ほんの小さなきっかけで破綻した。今まで友人相手に出したことのない大声でぶち切れ、部屋にこもり大泣きした。

そんな時、もう一人の同居人が石井ゆかりさん（※1）のサイトを教えてくれ、あわせて『ちひろ』上・下巻を貸してくれた。一人部屋に籠って読み耽り、何度も何度も読み返した。なんだかスッキリして貸してくれた同居人に「これ好き！」と言いに行った。

家では孤立した。3人の内2人が仲違いしたらどうしても2：1になりやすいし、もう一人には迷惑をかけたくなかった。一人になりたかった。仕事も積載量オーバーのパンク寸前。会社のトイレで泣いてストレス解消し、家でも孤独だった。ただ頭の中では猛然と考えていた。転んでもタダで起きるもんか。必ず原因を掴む。だからトラブルも悪くない。執拗に中心を探った。

私の中の本来絶対に渡してはいけないハンドルを他人に握らせてしまった。自分の行動を決めるのは自分しかありえないのに、なぜ人の言うことをホイホイ聞いてしまったんだろう。他人は神様じゃない。発言に責任なんて持たないし、好き勝手に行動するのが当然。人を善と信じ込んで従ったけど大して善でもなかった。私が勝手にのみ込んで選択を間違えただけ。そう、選ばないという選択肢だってあった。つまり私は何も考えていなかった。考えずに選び後悔している。当然の帰結だ。

　最大の問題点は、善悪の基準が全く違う人間であることにお互いが無自覚であったこと。彼女が「私が考えるべき問題を先回りして考えてくれてしまった」こと。それに伴い「私が思考を放棄して従った」ことだった。この構図は母親との歪んだ関係そのものだった。親元から離れたのに、まだ縛られていた。

『ちひろ』に魅せられて

　この間、私の隣には石井ゆかりさんと加藤諦三さん（※2）の本、そして安田先生の『ちひろ』がずっと一緒にいてくれた。

　石井ゆかりさんの本で教わったのは、自分の性質。自分の性質がわかると同時に、他人は全く別の行動原理で動いていると理解した。

　加藤諦三さんの本で教わったのは、病む経過、過去、基準。自分が問題ある家庭で育ったことには自覚的だったが、自分なりに脱出したと思っていたのにまだこんなに問題を抱えている。そんな人は沢山いて、皆もがいている。そして歪みの基準。どう苦しいと、それは歪みの表れなのか。我慢強い私はどこまでも我慢できたけど、何を基準として「辛い」と言ってよいのか。

　安田先生の『ちひろ』は、未来。自由に振舞う姿。そうありたい姿を体現していた。自分が嫌なことは否定するし、いらなくなったら捨てる。確固たる軸があり、他人に左右されない。夜空と繋がることが彼女の栄養補給（※3）で、私もそうだ、この人と同じかもしれない。それが出口に繋がっている気がした。糸口のような。だから惹かれたのだと思う。

　その後『ちひろ』は自分でも購入し、何度も

※2　加藤諦三さん
テレフォン人生相談（ラジオ番組）で様々な人の悩みに寄り添う。負の感情、生き方について多くの著書がある。

※3　夜空と繋がることが彼女の栄養補給
『ちひろ』下巻にて、夜の繋華街のビルの屋上で、「彼に抱かれる」ことで一息ついている表現がある。「彼」とは夜、月、風など、自然で大きな存在。彼女の人間以外の友、という解釈をしている。

何度も読み返した。彼女の世界にどっぷり浸かり、いらないものを考えた。身動きが取れず、苦しい。息ができない。それは余計なものを沢山身に付けているからだ。選んで捨てよう。私に必要なものはほんの少し。そう思った。

『ちひろ』を読み新鮮に感じたのは捨てるカットだった。飼育中の熱帯魚が死んだら泣く、けどすぐ捨てる。「え、悼《いた》むとかないの？　そりゃ泣いてはいるけど、即なの？」。巨乳で性格の悪いチカ（※4）が入店し店長に面倒みてやれと言われると、さくっと断る。そしてそれを求めた店長に「常識からしつけるなんて気が遠くなるもんねぇ～　人に押しつけるが勝ち」と言い放つ。ここでわかったことは、人の面倒を見るというのは一見善きことだが、当人には重荷である。ここでわかったことは、人にはそれを他人に押し付ける技術があり、拒否することもできる、ということだった。狙いを看破して発言する勇気さえあれば。新鮮に感じたのは、私がその要素をまるで持っていなかったからだ。何でも我慢して受け入れてきた。だからもうパンパンで、ハンドルに手が届かない。ちひろがプチぶる（※5）を辞めたのは、彼女にとって愛しい環境を手放すことは新しい刺激で、それを味わいたかったのだと推測した。仲良くなった人を捨てる。「友達は大切にしなければいけません」に逆行する姿勢だ。でも、本当にその友達は大切なんだろうか。仲良しとしがらみは根が同じ。友人や職場の人の前で振る舞う姿、期待される行い、いつの間にかそれに取り込まれ、他人の期待通りに振る舞うようになっていく。身近な人を大切にすればするほど、自分が少し歪んでいく。もちろん確固たる自分があればぶれないかも知れない。でも期待が型になっていくのは止められない。少しずつ居心地が悪くなっていく。再確認したい。心地良い場所をもう一度自分が築けるのかどうかを。ならば離れる。理に適っている。何よりも自分の意志を大切にした結果だ。それに付随するさよならの悲しみ。これは手放さないと味わえない。だから尊く、味わう価値がある。

※4　チカ
『ちひろ』上巻に登場する風俗嬢。巨乳を利用し男に媚びる。女は皆敵。

※5　プチぶる
ちひろが働いていたファッションヘルス店。近辺では給料も設備も一番良いらしい。

※6　B&Bの企画
下北沢の本屋さんB&Bで開催された写真家の植本一子さんと安田先生のトークショーの企画。（↓P35 ※2参照）。

※7　自殺未遂経験者
『気がつけばいつも病み上がり』（↓P37　※3参照）という著書にエピソードが掲載されている。

その後私は引っ越し、一人暮らしになった。一人は怖くて寂しくて、清々した。

『ちひろさん』1巻が出たことを知ったのは、ちひろを貸してくれた元同居人と再会した時だった。その後B&Bの企画（※6）を知り、仕事は忙しかったがどうにか参加した。安田先生は凪いだ海のような静かなおじさんだった。明るく穏やかに見えるが、底には冷たい潮が流れている。趣味で流しのカウンセラーをしていると語り、植本さんとのやり取りを披露してくれた。安田先生自身が自殺未遂経験者（※7）で、病んだ所から脱却し、得たノウハウで人を癒す取り組みをしている。でも全員救えるわけもなく、闇から出たがらない人は捨て置く。そうでないと自分まで引き込まれてしまうから。線引きは厳しいが、それが自分を維持する浄化装置となる。一番大切なのは自分。余力があるなら人を助けてもいい。気が向かない時は何もしない。好きなことをやる。これは『ちひろさん』の中でちひろが実践していることと全く同じだった。人を切り捨てることは辛い。どうしても引っ張られる。でも自分を損なうなら仕方ない。それは英断なのだ。自己肯定ができ、人に流されない。自律、自立を両立する人には滅多にお目にかかれない。稀有な人だ。

イベントの後先生と少し話をし、助けてもらえることになった。声をかける勇気を出した過去の私を心から褒めたい。

先生のカウンセリングはチャットが基本。どうしても遠慮するし我慢しがちなので、心が動いた時に必ず「～だったけどこう思った。変だと思う」とか「～がこうしてたけどどうかしてる」「嬉しい、悲しい気持ち」を報告することになった。迷惑なのではと思ったが、先生は自分が忙しい時は返信しない。先述の線引きがこれだ。通話はしない。文章に落とし込む。単語でもいいから残すことが大切だ。何度も読み返せるし、電話はその場での時間の消費が激しい。しかも記憶にしか残らないため効率は悪い。無理なく続けるにはお互いに余裕が必要なのだ。

インナーチャイルドと出会う

先生に出会ってから、色んな出来事、失敗、後悔を話し、少ししてから「インナーチャイルドに会ってみましょう」と言われた。

一番古い記憶を掘り起こす。幼稚園の年中さん。幼稚園の教室で、皆で床に座って各自お絵かきをしていた。私はその中の一人。皆は楽しそうにしていたが、私は疎外感を抱え、俯いて手を動かしていた。大人の私は小さな私に近寄っていった。どうやら怒っているようだ。「どうして怒っているの？」と心の中で問いかける。顔を上げてくれたが、言いたいことが沢山あるような複雑な表情をしていた。

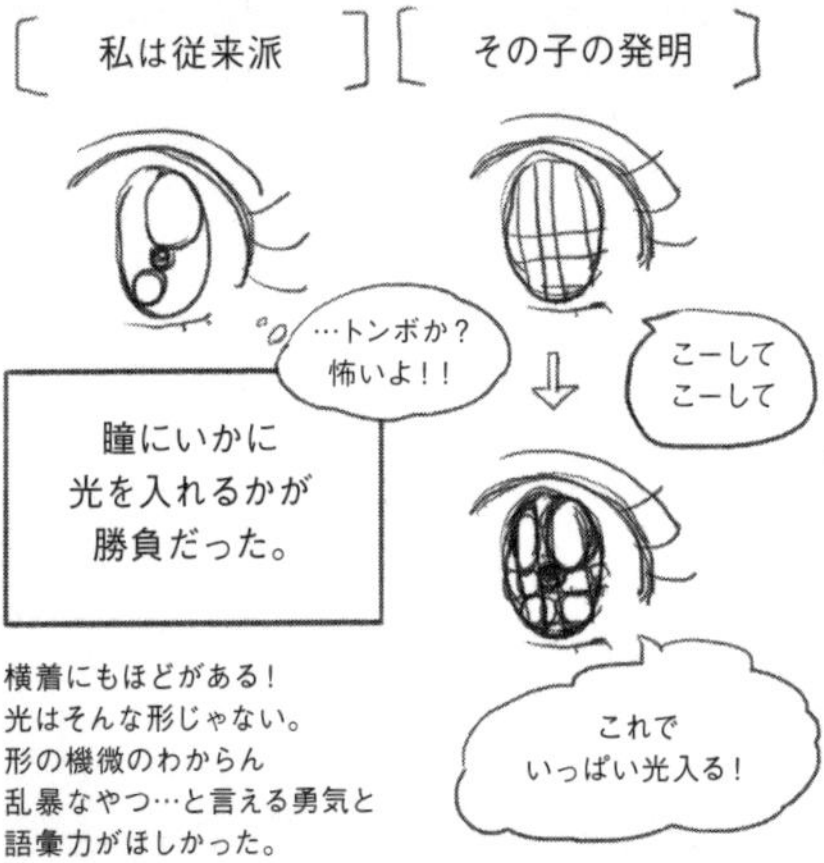
私は従来派
その子の発明
…トンボか？怖いよ！！
こーして こーして
瞳にいかに光を入れるかが勝負だった。
これで いっぱい光入る！
横着にもほどがある！光はそんな形じゃない。形の機微のわからん乱暴なやつ…と言える勇気と語彙力がほしかった。

彼女が言いたいことは、

「教室で一番発言力のあるかわいい女の子が『こんな目考えた！』と皆の前で発言した。『人間の目をこんな風に描くのを発明したよ！』と。それは気持ち悪い。トンボの目みたい。人間の目はそんな形じゃない。でもそれは言えない。その女の子は人気者だから。でも皆は賛同するの。私がその中に入るには、嘘をついてお世辞を言わなきゃいけない。それは言えない。だってその描き方変だもん」。

こんな複雑な内容を言葉にするのは幼児には難しい。だから言えないし、仮に言えたとしても皆を敵に回してしまう。だから黙るしかなかった。でも自分が間違っているとも思えない。そんな穴にはまりこんでいた。先生に言葉を伝えると「驚いた。その年でもうそんな駆け引きをしているんだね。あなたはその子に何て言葉をかける？」と聞かれた。困った。決して上手なわけではない。平凡な絵だ。

※8　タエちゃん
『ちひろさん』２巻から登場する愛らしいおばさん。３巻でちひろと旅行に行き、娘との溝を語る。（↓Ｐ７参照）。

どうやって褒めたらいいか、わからなかった。挙句、「上手だね」と適当なことを言ってしまった。小さい私は俯いている。嘘はばれている。当然だ。自分で考えたことを自分に伝えているのだから。その後の先生の言葉。「それいいね。僕はあなたの絵が好きです。そんな風に観察して考えて描いたんだね。あなたの思考に価値がある。だからその絵には価値があるんです」。それを聞いた小さな私は泣きだした。ずっと誰かにそう言ってほしかった。認めてほしかった。自分の意見に耳を傾けてくれる人は居ないと思っていた。暫く泣いて落ち着いた。憑きものが落ちたようなサッパリした感触だ。「これからその子にはいつでも会えます。可愛がってあげてください。その子には愛が足りない。一緒に遊んで、ご飯を食べて、寝る。彼女の欲しがるものを与えることで、大人のあなたの栄養になるのです」。普段は手の届かない過去の私。禁止した欲を掘り起こし、与える。これが治療の基本なのだと理解した。いつだって寂しくて、飢えていた。与えるのは自分だ。「今その子は何を望んでいますか？」「おかし。駄菓子、食べる」。その子がポツリと口にしたような気がした。過去に家では駄菓子は良いとされず禁止されていた。友達の家でしか食べられなかった。今行きなさいと急かされ、深夜ドンキの駄菓子売り場に行った。好きなものを選ぶ。値段は気にしない。夜中だけどむしゃむしゃ食べた。２人の私は少し満足した。小さな私は先生には心を開いたが、私に対してはまだ警戒心がある。ずっと無視してきたからだ。少しずつ解消すれば良い。これが起点になった。

先生の「それいいね」は、ちひろさんからタエちゃん（※8）へ向けての言葉だ。「これいいねって言ったら、それいいねって返ってくる～中略～たったそれだけがほしくて、こんなに遠くまで来ちゃいました」。私もそれがほしかった。後ろを振り向いたら足跡が２つあった。大きい私と小さい私。見えないだけで、ちゃんと居た。見ようとさえすれば、いつでも一緒に居た。

※9　オカジ
『ちひろさん』1巻から登場。一般家庭の女子高生。育ちがいい。仲良し家族ごっこの嘘を看破、両親に反抗し始めた。（→P7参照）。

優しさは水

親に優しくされた記憶はない。ご飯を作ってもらった。学費を払ってもらった。家に住まわせてもらった。こういう記憶はあるが、それは優しさではなく義務と体裁。そうしないと外聞が悪い。そういう家で育った。ちょうどオカジ（※9）の家のように。それに加え過保護と多少の暴力、そして脅迫があった。

優しさは水の形をしているね、と先生と話した。皆コップや鍋、皿やボールを持っている。それが先天的な優しさの許容量。例えば先生は私の話を聞いてくれる。諭してくれる。すると私のコップには水が貯まる。水が貯まると安心する。逆にカラカラで何もない時は荒れている。ムシャクシャしたり、ヤケ食いしたり。貯まった水は自分が穏やかである状態を維持するために使う。優しくしてもらえて嬉しい、そんな状態。もらった水は飲んだり傷を洗ったりに使う。使わないとすぐ蒸発するし、嫌なことがあれば零《こぼ》れてしまう。

もし溢れるほど豊かに持っていれば、人にあげてもよい。でも自分の取り分を減らしてまで人に与えるべきではない。自分の取り分は必ず確保する。これが鉄則だ。それは先述の先生の線引きにも繋がっている。

世界には優しい人もそうでない人も両方いる。優しい人は水が豊富な人。人に与えられるほどの貯水量を確保できる、大きな器の持ち主だ。

優しくない人の器は常に空。いつでも飢えており、人から水を奪い取ろうとする。自分だけが大切で一時的に満たされればそれでいい。このタイプの器はザルだ。皿に大穴が空いている。穴には気付かないから補修はしない。貯まらないから常に欲する。

器の大穴に自覚的で、人に迷惑をかけまいとする人もいる。遠慮しがちで優しさに飢えつつも、欲しがることを恥じる。自他の優先順位が入れ替わり、自分の水を人に飲ませてしまいがちだ。カモになりやすい。

あとは普通の人。ちょっと減ったら友達に分けてもらう。良きタイミングで声を掛け合い、それぞれが丁度良い配分の水を確保しようとする。少しひびが入っていたり、小さな穴が開いているから、減るスピードには個人差がある。

この4種類の人々、一つ確実に言えるのは優しい人は稀少、ということだ。世界は常に水の奪い合いをしていると言ってよい。

「○○をしてあげた。嬉しかったよね？　感謝するのが当然なのになぜ礼を言わないんだ」。ここで奪われて、「大丈夫？　さっき苦しい表情してたから」。ここで補給される。

色んな人が入り乱れて配置されている。だからどこでも混乱が起きる。私は乾燥地帯の家に生まれた。吸い尽くされたけど色んな人から水をもらえて、まだ生き延びている。そしてこの概念に気付いたから、自分から奪う人、くれる人を見分けられるようになった。たぶん水には色んな味がある。甘い人、しょっぱい人、紅茶の人、煮汁の人。色んな人と交換し合い、優しくし合いながら皆生きて死ぬんだ。お互い様、とか言いながら。

もしこれを読んだあなたの器がボロボロで、どんなに優しくされても飢えてしまうなら。器の補修をしてください。どんな傷があるのか、よく見つめること。傷を見つめること自体、勇気と胆力が必要なのだ。昔どんなことがあって自分が変容したのか。苦しい原因を探って見つめる。「それが辛かったんだね」と過去の気持ちを容認する。それが治癒になる。受けとった水は、ザルに流しても虚空に消えてしまう。まず受け止める体制を作る必要がある。「あなた素敵な人ね」こんな優しい言葉を受け止められるか。「そんなことないです」と捨てていないか。「嬉しい……恥ずかしいけど」受け止めるってこういうこと。嬉しい気持ちが力になる。私はやっと「かわいい」を照れつつも受け取れるようになったところだ。

からっぽの理由、迷路の出口

人に呼ばれることが嬉しい。私を呼んでくれる人は居なかったから。だから他人に振り回される。

それは自分には意志がないことを示す。私には行きたい所がない。やりたいこともない。からっぽだから。

でもそれは忘れているだけ。

誰かの言葉と態度によって、圧迫されてきた過去の自分。やりたいことをやると、嗤われる。貶される。そんな痛みを経験したら誰だって何もできなくなる。手を出すことすら怖い。そして強い力におもねり生き延びる。代償に「これがほしい」の意志を手放して。忘れるのが一番楽だし、そうせざるを得ない。他に選択肢はなかった。強くなるには力が弱すぎた。

そうやって葬られた墓が記憶の底にごまんとある。墓からは恨み節が聞こえてくる。普段は聞かないようにしている。でも時折辛くなる。

こうなりたかった自分と、全然別の所にいる自分。本当にやりたかったことをやっている誰かに嫉妬して、でも平気な顔を保てるように頑張って。でも、違う。墓の蓋を開けるのが真の勇気だ。

嫉妬は望みの裏返し。

親に抱っこされて安心している子供。

恋人と仲良く歩いている人。

楽しそうに歌う人。

楽器を弾く人。

こんなの作ったと見せてくれる人。

人に賞賛される人。

「そんなの私だってできるもん！」

違う、こんな所に来たかったんじゃない。

誰かと話したい。認めてほしい。褒めてほしい。何かの部品でも、誰かの付属品でもない。

蓋は閉じているから怖い。中から暗闇がもくもく湧いている。開ける瞬間は一番怖い。でも中で生きているから疼いている。だがもう瀕死だ。

どうか殺さないで。助けてあげて。墓を暴いて蓋を開けて。小さな自分が出てくるから。

転んだ時に心配してほしかった。

これ作った！　と見せた時褒めてほしかった。

美味しいね、と一緒に笑いたかった。

悲しい時、どうしたの？　と聞いてほしかった。

ほんの小さなことのようだけど、共感は人の根幹を占める最も大切な歯車だ。それがない。外側だけ大きくなって中は空洞だ。それを見つめるのが怖くて、皆蓋をして知らんぷりする。蓋をするから腐って嫌な臭気が沸きだし、ますます見ないふり。

こんなガサガサの荒地はもうごめんだ。

生き埋めだった小さな自分を認識して、お水を飲ませて、呼吸をさせて、「ごめんね、ずっと見ないふりして」と謝って、自分が本当は何を望んでいたか、よく見て。その子をよく見て。他人はヒントにはなるけど、自分の望みを掬い上げるのは自分だけだ。

もっと普通に育っていたら、どんな人生を歩んだのだろう。もっと自信があって、人とも楽しくやれて、好きに行動できたかな。泥

水を啜って生き延びるのは苦しい。だが苦しんだからこそ見える世界がある。そして少しは脱出し始めた。楽しいことをできたり、できなかったり。少なくとも挑戦することはでき始めている。その喜びは最初から普通に生きられる人には想像もつかないほど巨大で、その味はもがくほど旨味を増す。だから命を燃やして自分が惹かれるものに引き寄せられて生きたい。その中で楽しいことをしていくんだ。泣いた分を全部取り返して、その先の喜びを知りたいんだ。

二村ヒトシさんに聞く
生きづらさを感じる心に『ちひろ』が刺さる理由《わけ》

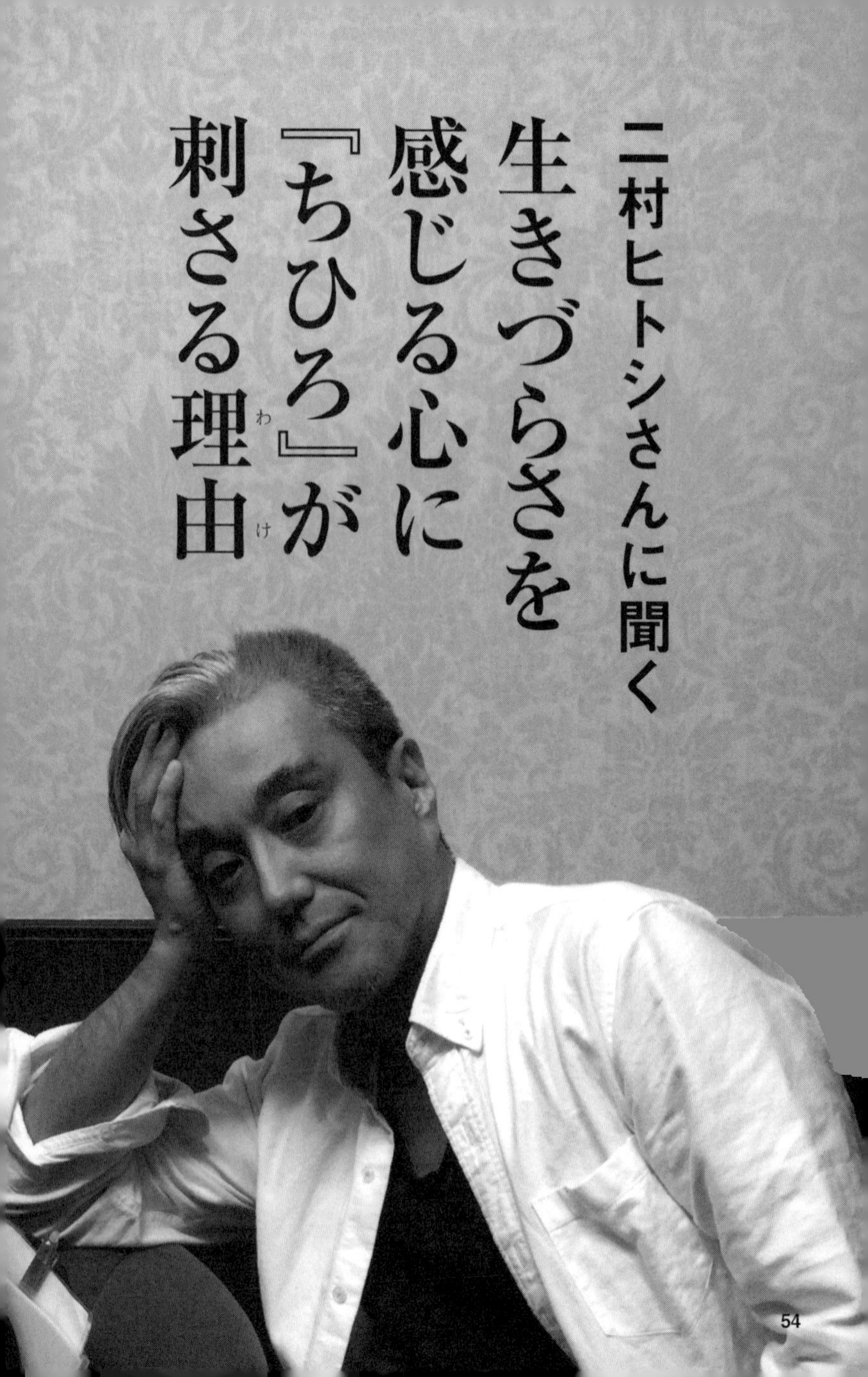

AV監督として多彩な性の形を描く一方で、著作で私たちが抱える心の問題を解き明かそうとする二村ヒトシさん。『ちひろ』『ちひろさん』についても以前から言及されていた二村さんに、2作が熱い支持を集め続ける理由、現代に生きる人々の生きづらさの底にあるものなどについてうかがった。

二村ヒトシ
にむらひとし
1964年六本木生まれ。慶應義塾大学文学部中退。アダルトビデオ監督としてジェンダーを超える演出を数多く創案。現在は複数のAVレーベルを主宰するほか、ソフト・オン・デマンド若手監督のエロ教育顧問も務める。著書に『なぜあなたは「愛してくれない人」を好きになるのか』『すべてはモテるためである』（共にイースト・プレス）、『モテるための哲学』（幻冬舎文庫）ほか。『モテと非モテの境界線 AV監督と女社長の恋愛相談』（講談社）、『日本人はもうセックスしなくなるのかもしれない』（幻冬舎）などの共著でも世の話題をさらう。

『なぜあなたは「愛してくれない人」を好きになるのか』
（イースト・プレス）
「心の穴」と「自己受容」をキーワードに、なぜ楽しいはずの恋愛が苦しくなるのか、の秘密に迫る。哲学者・國分功一郎氏に「マニュアル本の体をした、真に倫理学的な書物。」と言わしめ、上野千鶴子氏はじめ“女性の生き方”問題の第一人者たちにも絶賛された一冊。

写真：点線面編集部

その前に『ショムニ』があった

――早速ですが、二村さんは『ちひろ』『ちひろさん』が女性を中心に熱心な読者を得ている理由はどこにあると思われますか。

『ちひろ』に衝撃を受ける人は確かに多いですけど、それを話す前に、みんな『ショムニ』を忘れてないか？　まず『ショムニ』（※1）について、ちょっと喋りたくて。

すごい視聴率をとった同名テレビドラマの原作でもある『ショムニ』は、本当にいい漫画だったなと僕は思っていて、それを生み出した人が『ちひろ』の作者でもある安田弘之さん。まだ20世紀だった頃、安田さんがどういう思いであの作品を描いたかはわからないんすけど、『ショムニ』というのは、僕と湯山玲子さんが対談した本（※2）の中で湯山さんが言われていた「女は女である前に人間であれ」という話なんですよ。いわゆる男社会から見たら扱いにくいＯＬ軍団が主役のコメディなんだけど、一般職の制服ＯＬっていうのはこういうもんだ、って十把ひとからげにされていた人たち、そのひとりひとりに実はとても濃いキャラがあって、男社会が良しとするものに反旗を翻すというか毒針を刺していく。庶務2課の強烈な中心人物・坪井千夏に我々〝強い女が好きな男子〟はシビレたわけなんですけど、ドラマ版では江角マキコが演じていたあのキャラが、主人公の気の弱そうなＯＬ（塚原佐和子）の生き方・考え方に影響を与えていく。ＯＬのコメディ漫画って聞いて普通の男性が想像するような、お局さん的な女性が出てきて女性にイヤミを言ったりするというようなセコい話ではなく、「働く女も、じつは

※1　『ショムニ』
↓P10　※1参照。

※2　僕と湯山玲子さんが対談した本『日本人はもうセックスしなくなるのかもしれない』（幻冬舎）。「セックスは面倒くさい」の背景に何があるのか？　――男女の新しい関係を模索し続ける湯山玲子と二村ヒトシの二人が語り尽くす刺激的対話集。

女なんだ、母性もあるんだ」みたいな男目線の話でもなく、同じ目的・志を持った女たちが、働いている人間として男社会とぶつかって理解し合う、みたいな話。本当に「女が人間だ」「女って逞しいけど、それは人間として逞しいのであって、男にとって都合のいい逞しさではない」という漫画を『ちひろ』の前に安田さんが描いていたというのはすごく僕は面白いと思うし、ＯＬたちの過剰なキャラによるドタバタを通して「女の」というより「人間の」心の穴も描かれていたし、『ちひろ』につながっているような気がするんですよね。

――『ちひろ』の主人公は風俗嬢ちひろになる前のＯＬ時代、『ショムニ』のような女同士の関係は築けていなかったということも作品中には描かれているので、『ショムニ』があって『ちひろ』へ、というのはそこからも感じます。

『ちひろ』はＯＬになれなかった「裏ショムニ」なのかもね。あるいは一般職ＯＬの多くが派遣になっちゃって、いつクビになるかわからない現代の、男たちも子どもたちも疲れている時代のショムニ。ちひろと千夏の性格はまったく逆だけど。

――『ショムニ』は職場（＝表の社会）で良しとされるコースから落ちこぼれた（ように見える）人々、『ちひろ』は表社会から落ちこぼれた（ように見える）人々を描いているという意味でまさにそういえるのかもしれません。

その『ちひろ』ですが、読者のレビューなどからも読む人の心の状態によって読まれ方が異なるという印象があります。また、生きづらさを感じている人が反応するポイントがいろいろあるともいわれますが、それについてはどう思われますか？

『ちひろ』の主人公のちひろは――孤独だよね。言い方を変えると、ほんとうの意味で自立している。『ショムニ』の人たちも自立してるけどチーム。ちひろはひとりで立っている感じがよりはっきりしていますよね。ほかの人間にまったく無関心というわけではなくて、他人の存在にも興味を持つんだけど、興味を持つだけで、べったりとは関わってはいかない。ちひろはただそこにいるだけ。それを「菩薩」（※3）的と言ってもいいんだけど。

続篇の『ちひろさん』でのちひろは、『ちひろ』より透明度が増してますよね。『ちひろさん』には少年だったり女子高生だったり、『ちひろ』以上にいろんな人が出てくるけど、そこでのちひろも、ほっといてくれるのに、彼女を見ていると周りの人たちは何か変わるわけでしょ。ちひろさんが風のように現れて、というかそこにいて、ほかの登場人物と関わることで生まれる何か――「癒される」っていうすごく今ふうの雑な言葉では表せない何かがある。彼女に触れた人は、なぜか自分の〝あり方〟と向き合わざるを得ない。

――ちひろは自分で次のステージを上がった人という印象もありますね。生きづらさを感じている人が読んでいるときに引っかかる痛みをちひろももともと持っていて、その段階を踏んできた人なのかなというのはすごく感じます。

現代に生きる私たちの生きづらさの正体

ちなみに今回、作者の安田さんと二村さんもよくご存じの森下くるみさんに対談（※4）して

※3　「母性」と同様、男性が理想としがちな包容力のある神秘的な存在を指す。

※4　森下くるみさんと対談

↓P8～参照。

※5　引退作
名作といわれる『マンコがマンコに恋をする理由（わけ）』（出演：森下くるみ、松野ゆい／ドグマ／2008年）。

いただいているんですが、安田さんは森下さんの書かれた文章を読んで「ちひろがいたと思った」と言われていました。

我々AV業界の人間が最初に森下くるみを見たとき、びっくりしたんですよ。まったくAV女優らしくない、って。デビュー当時の作品には僕は関わっていないんですが、最初からずっと彼女を撮っていたTOHJIRO監督は僕の師匠なので、近くにいたんですよね。会社に行けばいたし、ロケに帯同したこともあります。その後、僕も全部で3本、監督しました。もう男とはいいや、って感じになった彼女と、最後にレズものを撮ろうか、と事実上の引退作（※5）も僕が撮りました。彼女と仕事をさせてもらったときに得た経験というのは、お世辞や社交辞令ではなく、「彼女が有名女優だったから」というのでもなく、なんというか僕の財産になっています。

で、森下くるみとちひろさんが似ている、と安田さんが言われたということで、ちひろさんや森下さんみたいな生き方をしている女性は何なのかって考えてみると、彼女たちは「被害者意識を持っていない」んじゃないかっていう気がするんですよね。痛い目に遭ったりしていても。女も男もそうなんだけど、その人の足をとる、転ばせてしまうのは、その人が持っている、多くは親から植えつけられた被害者意識なんじゃないかなって気がするんです。そして今はそうした感情を持っている人が、すごく多いと思うんですよ。

たとえば一般の人が、タレントの不倫や政治家のスキャンダルの問題に対して怒りの感情が湧いてくる、黙っていられないというのは、やはりその人自身が問題を抱えているんだと思います。そうした人たちというのはわかりやすくメンヘラだったりするわけではなくて、普段は特に生きづらさを自覚してもいなかったりするんだけど、じつはそうとう傷ついた感情が本人の中にある。誰かが不倫をしたとかズルしたとかという話題は、わーっと語れる、一見すごく決めつけやすい正義だから、みんな語りたがるんだけど、それによって自分の中の苦しみを外に逃がしているだけで。本人はそれが気持ちがいい、というかそうせざるを得ない。感情に操られちゃっているという状態なんだが、それが自分の感情だと気がつかないで、正義だ、と思ってるでしょ。

でも、ちひろは、自分とは関係ない有名人とかの、いわゆる「悪」に傷つけられない、もっというと自分自身の「人間的な、悲惨な」感情に負けない。自分と何かを比べるということがない。森下さんにも「AVに出たことを後悔してる、不幸なAV女優」の感情や「AVが大好きで、エッチを楽しんで、がんばってるAV女優」っぽい感情がないように見える。人間が人間社会においてAV女優になったら、普通は、そのどっちかの感情を持ちますよ。って言うと森下さんは「いやいやいや、あたしにだって人間的な感情はあるよ!」って言うと思うけど(笑)。

『ちひろさん』の世界に触れると、とにかく自分の苦しさ生きづらさの正体は、自分の感情なんだ、っていうことに気がつくんだと思います。感情が悪いものなんだって言いたいんじゃないんだけど。この苦しみはあくまでも自分の感情であって、べつに一般にいわれる「正しさ」と自分が違っていることで自分が攻撃され、完全に潰されているわけじゃない、社会や他者に反応せざるを得ない自分の感情に過ぎないんだ、と。それに気づくことが生きづらさから抜け

※6　「心の穴」
二村ヒトシ著『なぜあなたは「愛してくれない人」を好きになるのか』（↓P55参照）で定義された「自分の心の欠けている部分」のこと。同書収録の特別対談で著者と対談した臨床心理士の信田さよ子は、心理学や精神分析や社会学などの分野で難しく言われていることをわかりやすい言葉で等身大にまで降ろしてきていると絶賛。

出すための第一歩だと思うんですよね。

アドラー心理学という自己啓発でも、それはあなたの問題だ、人のせいにしちゃいけない、ってことを徹底的に言っている。ただアドラーの本の中にはちひろがいないから（笑）、タフな人でないと、そこでそう言われちゃうのは、もしかしたら当事者にとってはキツいんじゃないか、納得しきれないいんじゃないかなとも思うんですけどね。

もうひとつは、僕の本でいうところの「心の穴」（※6）は、おもに親との関係で形が決まっちゃうと思うんだけど、現代は物事の流れるスピードが速すぎるので、親と自分の価値観が違い過ぎる、どんどんかけ離れているということ。人間の文化、社会というものができて以降めんめんと、親って子どもを傷つけ続けてきたと思うんですね。ギリシア神話の時代からいわゆるエディプスコンプレックスのようなものもあったわけで、逆に、どんな親であっても「親が子どもを傷つけない」ってありえないと思うんだけど。でも昔は親に傷つけられても、その親に足並みを揃えざるをえないということが、今ほど病的ではなかった。社会そのものの価値観の変化には何百年か掛かっていて、あまり急激に変化していなかったので、今のように親との価値観のギャップが急激に開くこともなく、そのぶん親を憎みすぎなくても済んでたんじゃないか。たとえば、女性が「結婚しなさい」って言われるの、もはや、まったく現実に即していないじゃないですか。それに逆らうことが「子どものワガママ」だとは言い切れない。

――また、昔のほうが親と子どもが離れる時期が適当だった気がします。

そうですね。親と子どもがいつまでもくっついてる。その要因としては、親が幼児化している。

僕も、自分が父親として幼稚だ、という自覚あります。お母さんでいうと、パートナーとの関係をきちんと築けていない専業主婦が子どもが巣立ってしまうとやることがなくなって孤独になるから、子どもに圧をかけて（本人も無意識のうちに）巣立たせないようにしていたり。中年童貞などの問題は母と息子の癒着であり、メンヘラ問題の根は母と娘の愛憎であったり。

あともうひとつ、いま生きづらさを抱える人が増えている背景には、テレビや雑誌やインターネットによって、感情が強固なものにっていうか、それが個人の感情ではなくて「もう少し大きなものだ」と思わされてしまっているというのもありますね。

――メディアは感情の波に乗りたがる人が多いことを知っていて、それを指摘するどころか、逆に迎合するようなことをして、受け手の感情をすごく煽るじゃないですか。

煽るよね。Ｔｗｉｔｔｅｒなどで自らの感情のコンテンツ化みたいなことも行われますよね。あれはかなりツラいものがありますよ。

――それを見てまた疲れる人も多くて。もう八方塞がりな感じがすごくします。みんなで協力し合って生きづらくなっているというか。

生きづらさに向かって行進しているみたいな感じしますよね。

生きづらさから抜け出すために

自分の抱える生きづらさから抜け出す、救われるには、「内観」が大事だと僕は思ってるんですよ。「内省」ではなくて。内観と内省はどう違うのかというと、内観は文字通りただ「観る」こと。内省は言葉を使って『私はああだったこうだった』って考えたり『あのときのあれがよくなかったんだ』って反省することじゃないですか。言葉を使って自分で自分を分析していると自己嫌悪に陥りがちなんだけど、内観は『あのとき私はああいうふうに感じたんだなー』『あーお母さんとの関係はああだったんだなー』というふうに、自分の内側をただ流して観るだけ。そのときの感情をただ味わっているだけなんだけど、これでだいぶ治る、というかわかるんだよね、自分がね。

そこでおすすめしたいのが『ちひろ』であり、僕のこの本（※7）なんですけど（笑）、もう一冊、三宅隆太さんという方の『スクリプトドクターの脚本教室』（※8）というのがあるんです。脚本家を目指す人のための教科書、シナリオの入門書なんですが、これがね、もろカウンセリング的なアプローチをしているんですよ。

『ちひろ』は一篇一篇どれを読んでもそれを感じられるんだけど、たとえば普通に映画を観ていても『あ、これは私の物語だ』って感じること、たまにありますよね。主人公と恋人や親の関係だったり。現実の自分とは縁のないようなアクション映画で刑事と犯人との因縁や心の交流だったり、犯人がその事件を起こした理由であったり。そこには必ずなんか心の問題、心の穴ってものが絶対にある。現実の世界では、よっぽど深く関わる関係でない限りなかなか他人の心の穴って見えないんだけど、物語というのは抽象化されているので、ホラー映画でもアクション映画でもSF映画でも必ず主人公の心の穴というのが見える。シナリオを描く作業とい

※7　僕のこの本『なぜあなたは「愛してくれない人」を好きになるのか』（→P55参照）。

※8　『スクリプトドクターの脚本教室』新書館刊。日本に数人しかいない"脚本のお医者さん"ことスクリプトドクターである三宅隆太による脚本指南書。初級篇と中級篇が既刊。

※9　植本一子さん
↓P28参照。

うのは主人公のその心の穴と向き合うことで、重要なのは、よくできているエンターテインメント映画では、物語が始まってから終わるまでの2時間なら2時間の中で、その主人公の心の穴の、何らかの問題が解決する。それはつまり観ている人も、主人公の心の穴と向き合う、ということなんですよ。

『スクリプトドクターの脚本教室』は、シナリオがいいシナリオにならないのはその脚本家が必ず自分の一番大事なこと、つまり心の穴から逃げているせいだ、という確固たる理論の上に書かれています。自分が一番感動したというか心に残っている、あるいはなぜかつらくて観れないような映画って誰しもあると思うんだけど、この本を読んでからその映画をもう一回観ると、自分がなぜその映画に引っかかっているかってことが明確にわかる。解剖学みたいな本なんです。生きづらい人は内観の次の段階でそういう作業をするといいんじゃないでしょうか。

言語化ではなく「観」て物語化する

生きづらさを感じている人は、まず内観してそのときの感情を味わって、『あ、私ってこういう人間なんだな』と自分でそれを見てみる。それを下手に言語化しすぎると「私はメンヘラだ」みたいな決めつけで終わっちゃう。物事ってそんな単純な話じゃないのに。植本一子さん(※9)みたいに文学的な人はあえて言語化し切らないというか、安易な言葉で言語化しないいんだけど。それは普通の人間には無理ゲーなので、だったら、それをあえて曖昧な形、すべてを言語化しようとしない形で「観る」。自分が気になってしょうがない映画を観て、『ちひろ』や『ちひろさん』みたいなマンガを読んで、言語化と内観の中間くらいの形で自分というものを逃げずに見る、というようなことが、生きづらい人には必要なんじゃないかなと思うんですね。物語化というか。それをすると何がいいのかっていうと、生きづらい自分が持っている被害者意識に、客観的に気づけるんです。この作業はけっこう重要なのではないかと思いますね。

――ちなみに安田さんはご自身の体験から心やカウンセリングに興味を持たれるようになったようですが、二村さんの場合は？

『日本人はもうセックスしなくなるかもしれない』という本で、いろいろ白状してますけど。僕は人の心をいじるのが好きだったんですよ。そうなったのはAV監督になってから、図々しい言い方をすると、あるタイプの人間にとって自分は魅力的なんだ、ってことがわかってしまったんです。そうすると、人の心っていじれるんです。コントロールされたがってる人間のマインドを結構コントロールできる。

ただ、最初はそれがお互いにとっていいか悪いかわかんないんだけど、同じことを何回もやっていると、これはお互いに実りのある共存関係なのか、それともヤバい依存で、お互いその先には憎しみが待っているケースになるのかっていうのは、だんだん判断ついてくるようになるんですよ。そうすると、心をいじることに、げっそりするようになってくる。でも人間って、支配されたり、したり、したいんだよね。依存って楽だし、「スタンド使いは引かれ合う」（※10）じゃないけど、似たような心の穴を持った依存しやすい相手には、避けていても、かなら

※10　「スタンド使いは引かれ合う」荒木飛呂彦の漫画『ジョジョの奇妙な冒険』参照。

ず出会っちゃうんですよ。だから、やっぱりスッキリと幸せに生きたかったら、自分が成長っていうか変化して、他者を愛しながら助け合いながら適切な距離をとって、自立するしかない。

いわゆるＤＶ関係にあって相手からずっと殴られ続けてる女性、もしくは殴り続けてる男性、最近は逆もありますけど。自分の魅力をいいほうに使うという発想がなくて、もうこれしかないっていう同じ餌を見ると飛びついちゃうみたいなところがあるでしょう？　それもさっき言った内観をすることで、自分の感情に過ぎないものを「これは真の愛情なんだ。私にとってのセックスとは、私にとっての恋愛とはこういうものだから仕方ないんだ」って無意識に信じてしまっているだけなんだってことが、わかる。そこから疑えば、自分を楽な状態にしてくれて、相手も自分によって楽になっていける他者と出会える。ポイントはそこですよね。お互いにとって無理せず〝いい状態〟を得られるのが対等な関係だと思うんだけど、依存関係ってそうじゃなくて、表面的にはどちらかが一方的にひどく割を食ってるし、深層的には双方が不幸。

――植本さんが『ちひろ』に出会われたとき、そうした自分に焦りを感じられていたと言われていました(※11)。メンタル関係の本の存在すら知らない時期に。

植本さんって、動物的な勘があるよね。話は変わるけど、植本さんの本(※12)を読むと、物語ってやっぱり力があるなと思いましたね。あの本は事実をネタにしてはいるけど、もう小説でしょ、完全に。それも、それこそハリウッド映画みたいな「よく理解できる物語」じゃない。自分の体験を、わかりやすいエッセイではなく、ああいう形で書き切る植本さんはすごいと思います。物語の強みは、立場に、事態に、いろんな角度から感情移入できるというか、どんな

※11　言われていました↓Ｐ33参照。
※12　植本さんの本『かなわない』(↓Ｐ29参照)。

読み方もできるってことですよね。ストーリーが強靭。『ちひろ』でいうと、ある風俗嬢を主人公に描いていて、それが男の立場からも読めるし、女の立場からも読める。

――エッセンスを凝縮できますしね。安田さんが言われていたのは、最初のネームは編集者に説明する意味もあって言葉が多めなんだけど、極力削っていく、と。いわゆる行間を読ませるようなネームに研ぎ澄ます、ブラッシュアップしていくんでしょうね。

言葉を削っていったほうが物語として深くなっていく、さっき言った、いろんな方向から見ることが可能になっていくんだよね。たとえば一人称の語りを削る、といったことはどっちから見てもOK、っていう視点の問題をクリアするということでもあって。――まあ、とにかく作家ってのはすごいよね。安田さんも植本さんも。

心を知れば落とし穴は回避できる

――本を通して多くの方を救うというか、気づきの機会を与えるという意味では二村さんもそうだと思います。恋人や家族以上に女優さんの深いところに踏み込むこともあるAV監督が、人と人が尊重し合って共存するためにはここは守らないと、というマニュアル的なものを経験も踏まえて書かれるというのは非常に説得力がありますし。

夫婦だから男女関係だからって、ぐちゃぐちゃ癒着していいってものではないんだよね。それをやると、弱い人はどんどん弱まっていくから。じつは信頼している関係においてこそ、ちゃ

感情に溺れないためには
心のシステムを理解することが
大切なんです。その方法については
僕の本を読んでください、
って書いといてください（笑）。

んと相手の心の穴を見て、自分の心の穴を内観してっていうことが重要になる。気のおけない相手だからそうできるってことはあるんだけど、もう夢中になっちゃって、お互いひっかき合ったり、殴り合ったりしていると、一緒にどんどん落ちていくじゃないですか。で、それこそ何度も言うけど、ただの感情にしかすぎないものを、これは絶対の関係で、愛の真実(笑)で、もう殺すか殺されるか、みたいなことになっちゃう。よくないよね。

そうならないためには、自分の感情の出どころをつかんでおくことです。心って、本当に機械的なシステムだと思うんですよ。こういう穴が開いている人がこのスイッチを押されたらこの感情が湧くよね、って。人間には自我があるから、自分の感情が動いていると『わー、いま私は恋をしている!』『これは私にとって一大事だ!』みたいに興奮しちゃうけれど。政治的なことも、右傾化とか左もバカだとか、そういうことが問題だってみんな思いがちだけど、じつは本当の問題はそこじゃない。多くの人が憎しみに溺れていることが問題なんですよ。右傾化で弱者が苦しむとしたらよくないけど、それを適切に批判するのではなく、感情的にののしる。右寄りの人は、左の人の苦しい感情を押しつけられて苦しくなり、自分も興奮して感情に溺れる。右も左も生きづらさにからめ捕られているんです。ネットでの女性ヘイトと口汚いフェミの喧嘩も同じ。じつは誰もが被害者意識で動かされちゃってる。生きづらさの裏に誰か黒幕がいるわけじゃなくて、人間の心って、自分の感情を唯一無二のものだと思いこんでしまうのが、すごい落とし穴だっていうこと。そもそも「それが感情である」ことにすら気がついていないというのが問題なんですよね。

安田弘之さんにもっと聞きたい！『ちひろ』『ちひろさん』のこと

ここで作者の安田弘之さんにやっぱりうかがっておきたいアレ&コレについて直撃！

Q 『ちひろ』の前作である『ショムニ』でショムニのOLたちは個々の生きやすい生き方をしていましたが、ちひろのOL時代は『ショムニ』で描かれた世界とは逆だったような気がします。『ちひろ』が生まれたのは『ショムニ』があったからこそ、という部分はありますか？

A 初めて考えてみた共通点ですが、ショムニに来て救われた塚原と風俗で働くことで救われたちひろは重なる主人公なんだと思いますね。一見ネガティブなドロップアウトが実はその人を救い、差別を受け見下される場所だからこそ自由になれる。『ショムニ』以来ずっと同じテーマを追い続けているのかもしれません。

Q 『ちひろさん』ではちひろの過去→現在に関わってきた魅力的な登場人物が加わりますが、ご自身のお気に入りキャラクターとその理由は？

A しいていうならやはり悪いほうの店長ですかねぇ。僕にとっては「理想の男」像です。イケメンではなくあの悪相なのにしばしばかっこよく見えるところが好きです。ちひろに対して「わけがわからないんだけど、なんかお前はすごいな（笑）」という認め方をしてるのですが、それができることが器量の大きさというものだと思います。ちひろは初めて異性からそういう愛し方をされ、信頼のされ方をしたことで「足をかけられる一段目のはしご」を手に入れたわけですから店長との出会いが今のちひろを生んだと言ってもいいキーパーソンなのです。

Q 『ちひろさん』でちひろが街の人たちと気持ちよさそうに日々を生きていけばいくほど、オカジとマコトと同じようにある不安を感じる、スナフキンのように今いる場所を離れてしまうちひろさんを考えて心配になってしまう読者もいるはずです。それについてはどう考えられていますか？

A それは僕自身の不安でもあるんです。前作「ちひろ」でも突然居心地のいいお店「ぷちブル」を辞めてしまうのですが、あれには本当に驚きました（笑）。そういうことをやる人だし、そこも含めて僕にもコントロールできない人なんですね。ですからいつ彼女が〝それ〟を思いついてしまうのか気が気ではないのですが、それこそがちひろがちひろたるゆえんであり、リアリティですので、「ご了承ください」としか。彼女の持っている人間関係の意識が基本「一期一会」であり「すれ違い」なんですよね。「永遠」も「絶対」も信じていないし期待もしていない彼女らしいです。

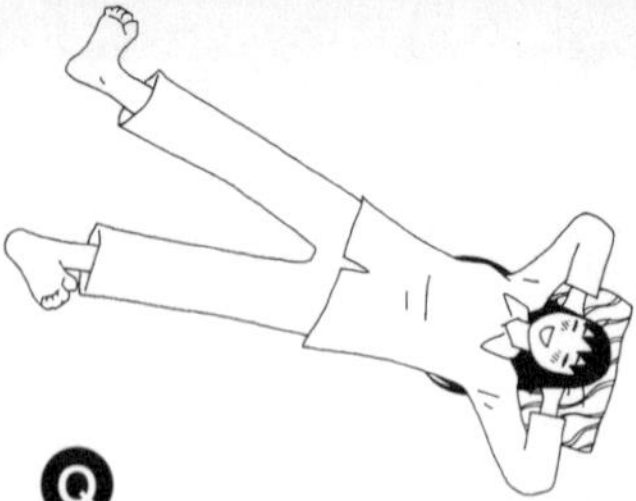

Q **『ちひろ』『ちひろさん』に現実に立ち向かう力を得たり、気持ちがらくになったりしている読者も少なくないと思いますが、ご自身にとってそうした役割をしてくれたという作品等はありますか？**

A 僕自身が自分の苦しみの形をズバリ言い当てられて救われたのは加藤諦三さんの著作の数々です。命綱としてずっとつかまり続けていました。あと僕の人生の指針としてずっと心にあり続けているのは「臨済録」ですね。禅の高僧の言行録ですが、とにかく出てくる禅の達人たちのやりとりが破天荒で面白いんです(笑)。自分にいつの間にかくっついて剥がれなくなっている目の前のウロコをきれいに落としてくれるデトックス本です。

Q **安田作品の中では『寿司ガール』も『ちひろ』『ちひろさん』と同じ手触りを感じますが、読者**

の反応から何か感じられたことは？

A 共通しているのは「言葉にし辛い生きにくさや居心地の悪さを抱えている人」を支える存在ということでしょうか。読者の反応からそういうものを抱えて生きている人は水面下にたくさんいるんだなということを痛感しています。そしてそういう面倒くささを抱えていない人たちは同じストーリーを読んでも全く別の解釈をするんだということもよくわかりました。その人の生きてきた人生の経緯や人間に対する考え方、何を一番大事にして生きているのか、などが作品に対する感想から透けて見えてくる感じがとても面白いのです。

Q **最後に、読者の方にメッセージをお願いします。**

A 「ちひろ」も「ちひろさん」も娯楽作品や人間ドラマを描いているつもりはなく、一人の人間をあたかも実在するかのようにこの世に存在させてみたいという思いから描いています。もしもこういう人がいるとしたらあなたはどう感じる？　どう思う？　好き？　嫌い？　という問いかけがしたいのです。僕が生身の人間よりも見ず知らずの人たちが生み出した創作物を支えにし、羅針盤にしてきたように僕の作品たちが誰かの人生の隣をともに歩いてくれる話し相手のような存在になってくれたら本望です。

ちひろ語録

――『ちひろ』『ちひろさん』より

何も語らない
何も押しつけない
立ってるだけでにじむ
説得力
私はそういう
人が好き

もともと
自分にないものを
武器にした子は
みんな消えてくわ
使い捨てられてね

いつでも触れる
おっぱいが欲しかったら
いい男になんないとね

あたしは絶対に乾きたくはない――
心を枯らさなければ
どこにだって私の居場所はできるわ

そうだよ
私はつながない
だって
あたしもつながれるの
嫌いだもん

血がつながってるからって
自動的に心も
つながるわけじゃ
ないですよね

生き残るために
生きようね

愛だの恋だの
くっついたの別れたの

そんなもので
心の底から
満たされたことなんて
なかった

人間を脱ぐ
この時間がなければ
私は枯れてしまうから

人のデータなんて
あてにしたことないからなあ
本当かどうかわかんないしね
風俗嬢ってねそういう仕事なのよ
目を見ればそこに全部書いてあるわ

生き急ぐなんてとんでもない
味わってるだけ
大切なものを失くす痛みで
私の心は息を吹き返す

人はみんな話したがりだ

悩みって
ほんとはすごくシンプルなことを
あーだこーだ
言い訳することから始まるのね

たまにいるのよ
動物でも
樹でも
赤ん坊でも――
なんかこの人
特別だなってのが

答えはもう出てるのよ
あとは
それを飲むこむ
覚悟ができるかどうかだけ

他人の背中ばっか追いかけてたら
一生 自信なんか手に入らないわよ
そのくだらないマラソンに勝つ
唯一の方法はね走るのやめちゃうことなのよ

誰にでも
とりあえず頭
下げときゃいいと
思ってるでしょ
あたしそういう
扱いされんの
一番嫌いなのよね

謝る時は
ちゃんと
相手の目を見て
言わなきゃ

表があって裏がある
裏があって表がある
両方のカオがあって
ヒトって真っ直ぐ
走れると思うわけですよ

恋しないつもりもないし
あえて頑張るつもりも
ないのよ

でもきっと
昔のあたしは
勘違いしてたの

誰かを好きにならなきゃ
いけないって
その人がいないと
生きていけないような
運命の誰かと
二人じゃなきゃ
不幸なんだって

人間って
言葉が使えて
便利だけど
言葉のせいで
伝わらないこと
ばっかり

食べ物は
育った場所と
作った人の
味がするもの
そして料理は
舌ではなく
ここで味わうもの

※ここ…胸＝心

安田弘之年譜（人物・作品・関連コンテンツ）

※人物像に関する内容は著書によるあとがき、インタビュー記事等より抜粋・構成
※年譜内にある書籍タイトルはその発売年・月を指す

1967（昭和42）
3月2日生まれ。新潟市西蒲区（当時は西蒲原郡）巻町出身

小さな町で育ったため、幼稚園・小学校・中学校時代は同地域のおなじみの顔ぶれと過ごす。何かあるとすぐ泣く子だった。大人しく口下手で、友達とワイワイやるより一人で遊ぶのが好き。動物や植物や昆虫が大好きで何でも飼った。運動やスポーツは苦手で、他人と競争することもケンカすることも大嫌い。『男らしくない』と言われる自分が恥ずかしく情けなくて嫌いだった

新潟県立巻高等学校進学を機にまったく知らない環境、人間関係に飛び込むことに。ここで自分が友達をつくること、それ以前に友達といることが苦手であることに気がつく

新潟大学教育学部（美術教員養成科）に進学。新たな環境下で自身と生活が変わることを期待するも、人間関係を築いたり保つことが不得手なことにあらためて気づかされ、最終的には鬱状態に。教師への道に進むのはやめ、漫画家を志す

そのころ、つげ義春としりあがり寿の漫画に触れ、それまでの漫画観が崩壊。描きたいテーマ、自分らしい絵柄と技法について初めて真剣に考えるように。絵画やイラストなどからも好きな要素を取り入れ、独自の絵柄をつくりあげていく

1991（平成3）
「月刊アフタヌーン」（講談社）四季賞佳作を「MOZOO」で受賞し、デビュー

4つほどバイトを経験後、正社員になろうと入った看板会社の見習い期間中に「ショムニ」が受賞し、会社を辞める

1995（平成7）	「週刊モーニング」（講談社）で「ショムニ」の連載がスタート
1996（平成8）	8月、『ショムニ（1）』（モーニングKC／講談社）。11月に同（2）
1997（平成9）	2月、『ショムニ（3）』。5月に同（4）、6月に同（5）、7月に同（6）、9月に同最終巻（7）
1998（平成10）	4月、「ショムニ」が原作の同名ドラマがフジテレビ系で放送スタート、人気を博す 10月7日、2時間スペシャル第1弾が放送 同月、『B級コメディBOOK　ショムニの掟』（監修：安田弘之、モーニング編集部　制作：三局A特別チーム　KCデラックス／講談社） 11月、『鉄魂道！ ーラブリーウーマン列伝（1）』（モーニングワイドコミックス／講談社） 同月28日、劇場映画版『ショムニ』が全国松竹系で公開
1999（平成11）	2月、『鉄魂道！ ーラブリーウーマン列伝（2）』
2000（平成12）	1月2日、「新春ドラマスペシャル」としてドラマ「ショムニ」のスペシャル第2弾が放送 3月、『ショムニ（1）～（3）』（講談社漫画文庫） 4月、連続ドラマの第2シーズンが放送 同月『ショムニのツボ—Shomuni super selection』（KCデラックス／講談社）
2001（平成13）	4月、『紺野さんと遊ぼう』（F×COMICS／太田出版） 9月、『ちひろ』（モーニングKC／講談社）
2002（平成14）	2月、『紺野さんと遊ぼう（続）』（F×COMICS／太田出版） 4月から第3シリーズ「ショムニFINAL」、7月からスペシャル第3弾「ショムニ　FOREVER」が放送
2003（平成15）	2月、『冴木さんってば…　安田弘之短編集』（F×COMICS／太田出版） 7月、『紺野さんと遊ぼう（FINAL）』（F×COMICS／太田出版） 8月、『先生がいっぱい—生徒そっちのけ学園マンガ!!（1）』（ビッグコミックス／小学館）

2004（平成16） 7月、『先生がいっぱい(2)』

2005（平成17） 4月、『先生がいっぱい(3)』

2006（平成18） 6月、『ラビパパ（1）』（F×COMICS／太田出版）

2007（平成19） 6月、『ちひろ(上)（下)』（秋田書店）
7月、『気がつけばいつも病み上がり—本当にあった安田の話』(akita essay collection／秋田書店)
11月、『うたうめ（1）』（竹書房）
同月、『ラビパパDVD-BOX』（ワーナー・ホーム・ビデオ）。木村佳乃がラビパパの恐妻ママ役で出演

2008（平成20） 3月7日～4月11日、『紺野さんと遊ぼう』がWOWOW深夜枠にて吉高由里子主演でドラマ化。全12話

2009（平成21） 5月、『ラビパパ(2)』
12月、『鉄本—テツモト—』（KCデラックス／講談社）

2010（平成22） 7月、『アメイジア』（講談社）に「少女撞球道 瞠と蘭」収録

2011（平成23） 10月、『寿司ガール（1）』（BUNCH COMICS／新潮社）

2012（平成24） 6月、『寿司ガール(2)』
7月、『モーニング食 No.2』（MOOK／講談社）に「紺野さんと食べよう」収録

2013（平成25） 4月、『アフタヌーン四季賞CHRONICLE 1987-2000 夏』（電子書籍 アフタヌーンコミックス／講談社）に作品収録
7月からドラマ「ショムニ2013」が放送
9月、『寿司ガール(3)』

2014（平成26） 3月、『ちひろさん（1）』（A.L.C.DX／秋田書店）。9月に同(2)

2015（平成27） 4月、『ちひろさん(3)』。11月に同(4)

2016（平成28） 7月15日、『ちひろさん(5)』発売。続刊中

『ちひろさん』最新刊5巻、絶賛発売中!!

ちひろさん
安田弘之
5

『ちひろ』から10年以上を経て登場した続編『ちひろさん』は、「ぼんやりしてることが罪悪感　楽でいるのが楽じゃない」時代を生きる人たちへの、作者からのエールのような作品。６巻が待ちきれない人は「エレガンスイブ」（秋田書店）で会えます。

傷ついた心に。
元風俗嬢、現弁当屋の看板娘
ちひろさんの物語！
『ちひろ』という漫画は自分にとってお守りのような存在でした。
――森下くるみ
『ちひろ』は出会って以来、ずーっと一緒です。
――植本一子
安田弘之
ちひろさん
1〜5
(以下続刊)
発行:秋田書店

元風俗嬢、現お弁当屋、ちひろ。
自由気ままな彼女の姿、
あなたの目にはどう映る？
心の奥底、ほんとの自分を見つけにいこう。
『ちひろさん』に触れると自分の“生きづらさ”の正体がわかる。
――二村ヒトシ
安田弘之
ちひろさん
1〜5
(以下続刊)
発行:秋田書店

書店用POPには本誌に登場の森下くるみさん、植本一子さん、二村ヒトシさんもコメントを寄せられています。店頭で（カラーの）ちひろさんを探してみてね！

書籍紹介

フォトエッセイ集

森下くるみ×金子山

『36 書く女×撮る男』

出会いの数に比べると、その「次の一歩」から生まれるものはごくわずか。ここでは接点のなかった者同士の「はじめまして。」からスタートした一冊をご紹介。

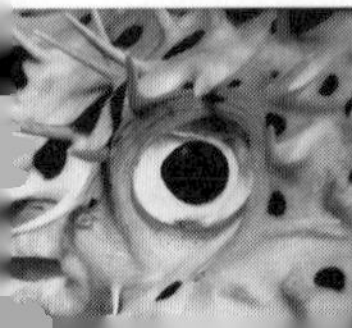

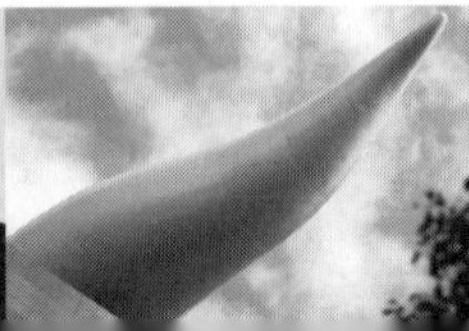

書く女＝森下くるみ

もりしたくるみ（文筆家、女優）

プロフィール→P8参照。新刊は電子書籍『虫食いの家（うち）』。

http://blog.livedoor.jp/morisitakurumi/

撮る男＝金子山

かねこやま（写真家）

1976年生まれ。18歳で写真を始め、写真家佐内正史氏のアシスタントを経て独立。2010年デジタルへの本格移行を機に金子山に改名、日々撮影した写真をWebに毎日アップし始める。その写真を編集構成した2014年発表の写真集『喰寝（くっちゃね）』は各所で高評価を得た。主催する写真イベントで発表された写真を収録した『WWB（ワイワイ本＝ブック）』も刊行している。

http://kanekoyama.com/

2つの視線の先に咲いたもの

本誌巻頭特集にも登場の森下くるみの文章と、気鋭の写真家・金子山の写真で構成された『36　書く女×撮る男』（ポンプラボ）。編集者・都築響一に「自分にとっては不思議なつくりの本だった」と評された（↓P100参照）本書は、面識のなかった二人が企画を受けて出会い、編まれたものだという。

ページを繰ったパッと見の印象はほんわかムード。これは情緒的かつ物語性豊かな金子山の写真によるものだろう。対して36歳となった森下の極私的な文章は、凛として真っすぐなリアリストの視線。文章と写真が付かず離れず、時にそっぽを向いている印象があるのは、読者それぞれが抱える何かしらの感情の喚起、増幅を狙ったものなのか。巻末に収録された森下と歌手・著述業の早川義夫の対談では一転、森下の〝今とこれから〟がスリリングに立ち上がる。本編と対談での2つの視線の違いを味わえる、確かに〝不思議〟な一冊だ。

『36 書く女×撮る男』関連イベント振り返りアルバム

森下くるみ×金子山 トークショー&サイン会

2016.6.1 Wed @HMV&BOOKS TOKYO

渋谷モディにあるHMV&BOOKS TOKYOの6Fイベントスペースで行われた(金子山いわく)安産祈願イベント。19時半にスタートしたトークは、出産を控えた森下への「ダンナさんはどーせイケメンなんでしょ」といった金子山の怒涛の中学生ノリ話芸が冒頭から炸裂。続いての安産祈願スライドショーでは、新刊収録作品とはテイストの異なる金子山写真の数々が披露され大いに盛り上がった。最後の質問コーナーまで笑いにあふれる1時間に。

森下くるみ×金子山 サイン会&チェキ会

2016.6.12 Sun @ヴィレッジヴァンガード下北沢

森下が漫画『ちひろ』に出会ったスポットでもあるVV下北沢でのイベント。この日を最後に表立った活動はしばらく休止ということもあり、多くの森下ファンが来場。温かい雰囲気の中、挨拶トークと質疑応答に続き、サイン会がスタートした。「僕もサインしていいスか?」と確認する金子山に「お願いします」と礼を尽くす(?)紳士たちの姿にほっこり。二人の著作2冊以上の購入者が対象のチェキ会にも多くの人が参加、スタッフを感激させた。

写真:(HMV&BOOKS TOKYOイベント)清水知恵子、(VV下北沢、ブックファースト新宿店イベント)点線面編集部
写真・写真提供(ワイワイワールド!):金子山

都築響一×金子山
トークショー&サイン会
2016.6.30 Thu
@ブックファースト新宿店

写真家、編集者の都築響一氏を迎えての3回目の刊行記念イベント。トークを行う二人は以前、都築氏による有料メルマガ「ROADSIDERS'weekly」2014/10/22号(Vol.137)で取材・紹介した&された仲。初対面ではないものの前2回のイベントとは違い開始前の金子山の緊張感がスゴい。この日は、新刊で金子山のパートナーを務めた森下の幼少期からの写真等で構成されたスライドショーからスタート。その後は都築氏の記憶に残る森下くるみ作品(『全裸若女将』)のこと、新刊についての感想、金子山のMY写真論と写真に対する姿勢への叱咤激励、都築氏の取り組みなど興味深い話でお腹いっぱいに。その模様の一部は本誌P96〜にて。

そして大阪で!!イベント行います!
2016.8.31 Wed
@ロフトプラスワンWEST
金子山のワイワイワールド!
「誰が一番大阪か」

Information

刊行イベント4回目はいよいよ東京の外へ! 来る8月31日(水)、大阪ミナミのロフトプラスワンWESTで開催。いちおう「『36 書く女×撮る男』&リトルプレス(本誌のこと)発刊記念」だが、その実態は「金子山のワイワイワールド!」(詳細は→P104〜)in大阪。来たれ勇者!! ちなみに右の写真(上)は左から前回4月大阪開催時のゲスト、石井モタコ(オシリペンペンズ)、金子山、今回のゲストでもある寶野智之の各氏!【出演】金子山、竹内厚、大泉愛子、寶野智之、スズキナオ、日下慶太、佐伯慎亮
OPEN 18:30 / START 19:30 詳細は↓
http://www.loft-prj.co.jp/schedule/west/47745

comments

樋口毅宏（作家）

奥田民生は『29』と『30』を、
アデルは『19』と『21』と『25』。
そして森下くるみは『36』を出した。
すべて必然なんだと思う。

新田章（漫画家）

のんびり、
寂しさを
思い出しつつ、
やさしい未来を
感じました。

北村早樹子（歌手）

おしつけがましい主張がほとばしる本じゃないし、
かといって雰囲気もんのふわふわしたフォトエッセイでもない。
ぴんと筋の通った女性、森下くるみさんの、
超自然体のかわいさとかっこよさがつまった、
何度も開いて眺めたくなる本です。
今、すべてがちょうどいい、ってさりげないけど
なかなか言えない言葉。
名言やな〜。

出産を控えた森下さんがこれからの人生にスローモーションで着地するようなエッセイと、一人の男のちっぽけさを感じる金子山さんの写真。正直に生きていけばいいよ、と背中を押されたような気持ちになりました。

岩渕弘樹
（ドキュメンタリー映画監督）

キレイで、
悲しくて、
笑ってる

ジャン相見
（芸人）

写真集を見てて、
お姉さんと少年が出てくる
短編マンガを
描きたくなりました。

すぎむらしんいち
（漫画家）

comments

松江哲明
（ドキュメンタリー監督）

森下さんが金子山さんを挑発し、
金子山さんが森下さんに寄り添う。
ふたりの意図を
ちょっと超えた
写真と文だと思った。
そこが素敵。

オシリペンペンズ

窓全開OK! 虫入ってこーへんから網戸せんでOK! な本。
石井モタコ（オシリペンペンズ:Vocal）

2×2×3×3で36。
そんな掛け合わせの妙が沢山つまった素敵な一冊
中林キララ（オシリペンペンズ:Guitar）

お兄ちゃんが金子山さんで、妹が森下くるみさんだったら、
とても幸せな毎日なんだろうな〜と思いました。
この本に飛び込みたいよ!!!
道下慎介（オシリペンペンズ:Drums）

竹村武司
（放送作家）

森下さんのぜんぶを見ていたつもりでいたけれど、なにも見ていなかったんですね。あの頃の森下さんより、よっぽど森下さんのことを見た気がします。息遣い、本音、無邪気、母性、知性。ああ友だちになりたい。金子山さん、とっとと紹介してください。

テンテンコ
（ex-BiS）

まるで写真から言葉が
聞こえてくるみたい。
どちらも飾らない
自然な日常、
でもその中に
ドキッとする
発見があります。
写真集ともエッセイとも
どこか違う、
不思議で素敵な
一冊でした！

山下陽光
（途中でやめる）

金子山さんが撮って森下くるみさんが書く。春夏秋冬それぞれ9つのエッセイと写真で36というタイトル。森下くるみさんが36歳で、もうすぐ出産！ 0.18.36っていいタイミングの数字なのかもしれない。モラトリアムなのかなんなのか、うまれてくる赤ちゃんを待っている絶妙な気分がすべて描写されていて、未来に懐かしく感じられる予感がビンビンしていて、たまらなく浮遊感のある本で、金子山さん、森下くるみさんナイスな本をバシッと受け取りました。 夏の酒場44pの いわゆる大衆酒場が好きで好きでたまらない。から書き始まるエッセイとお互いの第一印象がとてもよかったです。

ビーバップみのる
（AV監督）

「森下さんと金子山さんの『36』という本を読んでコメントを下さい。」と、メールが来ました。
焼売を食べてる時にメールが来たので、
焼売についての本当か嘘か分からない知識を書いてみます。
焼売の上にはグリーンピースが乗っていることが多いですが、
「日本だけだよ。」と、聞いたことがあります。
中国の焼売にはグリーンピースは乗ってないらしいです。
ニチレイという冷凍食品の会社が学校給食で焼売を出すことになった際に、
焼売担当の方が子供達のことを考えてグリーンピースを乗せたらしいです。
「子供が大好きなショートケーキのように焼売を楽しんで欲しい。」みたいな気持ちになって、見た目とか原価率のことなんかも考えて、グリーンピースを焼売の上にトッピングしたらしいです。
焼売をショートケーキの味にしたり、
焼売をショートケーキの匂いにするような
ショートケーキ風味の焼売にならなくて良かったなー。と、思いました。
こんな、よく分からないコメントを書いても笑ってくれるのが、
森下さんと金子山さんの魅力だと思います。

敬具

comments

樋口毅宏
（作家）

金子山よ、
森下くるみを
愛で射抜け。

清野とおる
（漫画家）

金子山さんの写真、とってもいいょ。
とりあえず何でもいいから、
金子山さんの写真「３枚」見てみてょ。
そしたら、
たぶん、
もう、止まらなくなるょ。本当だょ。

カンパニー松尾
（AV監督）

森下さんの言葉に
金子山君の写真は合わない。
最初見た時からそう思って、
ちゃんと読んでもそう思った。

そんなこと言うと怒られそうだから、
コメント出すの逃げてた。
ごめんなさい。

おぐらりゅうじ（編集者）

通常営業の金子山さんの写真は
あんなにスケベなのに、
この本に載っている写真は
全然エロくなかったです。
賢者タイムと森下くるみ。
新しい夜明けですね。

左近洋一郎（ルノアール兄弟）

森下さんの実直な文体の傍らに、
金子山さんの平熱の写真が並ぶ
居心地のよさっぷりのよさよ！

鳥越智志（『喰寝』編集）

金子山の写真は、
不安な時に見るといい。
雑然とした街に映る、寝てる人、働く人。
知らない誰かが自分の姿と重なる。
森下さんの言葉は穏やかだ。
ふたりの奇妙な関係性が、
言葉と写真に距離感を生む。
暴走と停止を繰り返す
写真家金子山が変化している。
使命が編集者を動かした。
運命が金子山を狂わせた。
宿命がふたりを出会わせた。
天命が36へ導いた。

写真の海にダイブ！
路上の詩《うた》を探し続ける―

金子山の写真道

CLOSE UP!

自らのライフワークでもある街撮り写真を収めた2014年発表の『喰寝』などで注目を集める写真家・金子山。その仕事や主催イベント、ゲストとのトークなどを通して、18歳で出会った写真と蜜月を過ごし続ける「写真＝人生」の男の姿に迫る！

上の金子山ロゴは『喰寝』の題字も手掛けたcasper（山栄アート工房）によるもの。現在の金子山のサインはここから来ている。

写真・画像提供（特記・ジャケット以外）：金子山

CLOSE UP! 金子山の写真道

『喰寝(くっちゃね)』
写真:金子山
発行人:黛秀行(準備室)
発行所:KUMANBACHI BOOKS
文庫判／オールカラー
／548ページ

『バイバイ。ありがとう』
写真:金子山
編集:黛秀行
デザイン:伊藤信久
発行人:黛秀行(準備室)
A5判／208ページ

『WWB2015』
編集:黛秀行、金子山
デザイン:伊藤信久
発行人:黛秀行(準備室)
A4変形／160ページ

すべての詳細
▼
http://kanekoyama.com/shop

写真との出会いからすべてがはじまった——

THE金子山仕事

大学在学中から仕事（プロ）としての写真もスタートした金子山。以来、その写真は「依頼されてのもの」「自分の心の動くもの」に大きく二分される。それはプロであれば当たり前のことだが、しかし多くの職業カメラマンが前者にウエイトを置きがちになるのに対し、金子山は徹底して後者にこだわり、そして出会いを大切にする。結果、金子山の仕事は限りなくシンクロしていくのだ。

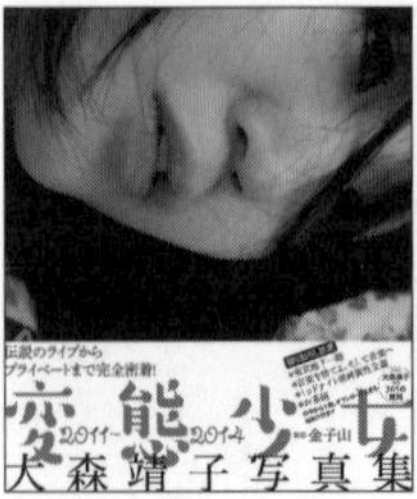

上写真2点:金子山の「音楽」仕事に触れることのできる2作。右から『MY BEST FRIENDS どついたるねん写真集』『大森靖子写真集 変態少女』（共にスペースシャワーネットワーク）
左写真3点:金子山の「街撮り」仕事に触れることのできる3作。上から『UNDERCOVER JAPAN』（ハマジム）、カバー写真を担当した豊田道倫著『東京で何してる?』（河出書房新社）、『喰寝』

2本柱は「音楽」「街（人）」

写真を始めた学生時代、もともとの洋楽好きに加え、旅行好きの友人の影響もあり、イギリスのレディング・フェスティバルに行くことを思い立ったのが写真家・金子山としてのスタート。ライブ写真を撮るため愛読誌『ROCKIN'ON』の編集長宛てにプレスパスの発行を依頼する手紙を送った彼は、その希望は当然却下されるも帰国後編集者に写真を見せる機会を得る。それをきっかけにライブ写真を撮るようになり、現在まで音楽と街（人）をメ

金子山年譜

1976（昭和51）3月、千葉県習志野市（津田沼）に生まれる

福島、桐生への引っ越しを中学3年で津田沼に戻る（以来、現在まで在住）。中学卒業後は建築学科のある高校に進学、周囲に女子がほとんどいない不遇の時代を過ごす

1994（平成6）千葉工業大学建築学科に進学。写真部に入る

1995（平成7）雑誌社に営業、LIVE撮影など写真の仕事を始める

1999（平成11）1月発行の松本人志著『松本坊主』（ロッキング・オン）の表紙を担当。3月、大学卒業とともにフリーになる。夏、写真家・佐内正史氏のアシスタントに

2000（平成12）夏、1年続けたアシスタントを辞し再びフリーに

2002（平成14）渋谷、新宿等でゲリラ展示やスライドショーを行う。10月、THE BACK HORNのアルバム『イキルサイノウ』リリースに際して行われた〈イキルサイノウ～THE BACK HORN×ヒョウゲンシャたち〉に参加。同展は札幌、代官山、名古屋、大阪、福岡を巡回

2004（平成16）1月、北総開発線矢切駅、駅コンコースにて1年間連載写真展「矢切Show」を行う。12月、カンパニー松尾、平野勝之、真喜屋力監督作品『UNDERCOVER JAPAN』（ハマジム）ジャケット撮影担当

2005（平成17）3月、東海道五十三次を歩く。6月、原チャリで北海道最北端、宗谷岬まで、9月、原チャリで九州最南端、佐多岬までそれぞれ走る

2006（平成18）2月、20代最後の写真展「金子写真EXPO」を新宿三丁目のみくにギャラリー（居酒屋）にて1カ月間開催。翌07年にかけてスライドショーを精力的に行う

2009（平成21）12月、「SIGHT」（ロッキング・オン）での北野武の撮影をきっかけに改名、金子山になる

2013（平成25）10月、写真家のひとりとして参加した『MY BEST FRIENDS どついたるねん写真集』（スペースシャワーネットワーク）刊行

2014（平成26）2010～2014年までの街撮り写真から構成した『喰寝』（→P93参照）を出版。12月、『大森靖子写真集 変態少女』（スペースシャワーネットワーク）刊行

2015（平成26）写真を始めた頃から2015年までの写真から構成した『バイバイ。ありがとう』、主催イベントで発表された写真を中心に構成した『WWB 2015』（→共にP93参照）を出版

2016（平成28）5月、森下くるみとのコラボによるフォトエッセイ集『36　書く女×撮る男』（ポンプラボ）刊行

※上記のほかにも多くの雑誌・MOOK・書籍、サイト、宣伝媒体、イベント企画等で撮影を担当している

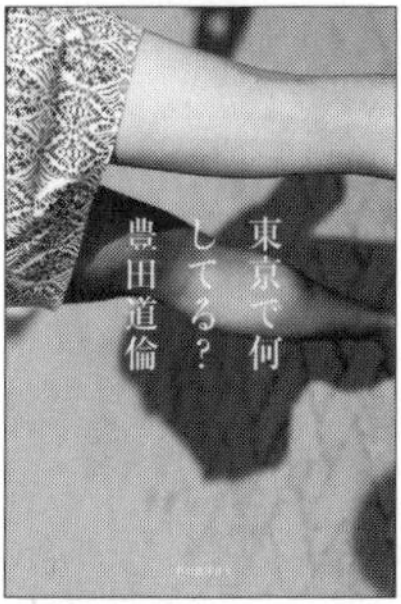

インテーマに、試行錯誤しながらも着実にキャリアを重ねてきた。それを支えてきたのは周囲の人間関係と、言語化はおそらく難しいと思われる、止まることなき写真愛。その姿勢は主催する写真イベント（→P104参照）のコンセプトにもつながっている。

御大が金子山の「写真道」を斬る!?

都築響一×金子山

ここでは『36　書く女×撮る男』刊行記念として行われた都築響一氏と金子山とのトークショー（→P85参照）の模様を一部ご紹介。新刊についての都築氏の感想に対する金子山の反応やいかに――？ そして、金子山の写真イベントではおなじみの写真論には、都築氏が忌憚のない、かつ愛ある意見を。金子山写真の次なるステージを拓く気づきをもたらしたのか、今後に注目。

都築響一《つづききょういち》

1956年東京生まれ。「ポパイ」「ブルータス」誌の編集を経て、全102巻の現代美術全集『アート・ランダム』（京都書院）を刊行。以来現代美術、建築、写真、デザインなどの分野での執筆・編集活動を続けている。93年『TOKYO STYLE』刊行(京都書院、のちちくま文庫)。96年刊行の『ROADSIDE JAPAN 珍日本紀行』（アスペクト、のちちくま文庫）で、第23回木村伊兵衛賞を受賞。そのほか『賃貸宇宙UNIVERSE forRENT』（ちくま文庫）、『現代美術場外乱闘』（洋泉社）『珍世界紀行ヨーロッパ編』『夜露死苦現代詩』『珍日本超老伝』（ちくま文庫）『ROADSIDE USA 珍世界紀行アメリカ編』（アスペクト）『東京スナック飲みある記』（ミリオン出版）『東京右半分』（筑摩書房）など著書多数。近刊は『圏外編集者』（朝日出版社、2015年）。現在、個人で有料メールマガジン『ROADSIDERS' weekly』を毎週水曜日に配信中。

写真:中山義幸(スタジオGICO)、点線面編集部

都築さんが配信しているメルマガの取材で面識のある二人。リラックスムードのトークは、やがて金子山の新刊の話題に——。

この本の写真はおばちゃん臭い？

都築　この本を読ませてもらって僕が思ったのは、森下さんの鑑識眼、男の見方が鋭いな、ってこと。金子山さんの写真について、男っぽくない、って書いてたでしょ（※1）。

金子山　はい、女性かと思ってた、と。

都築　僕もそう思った、今回の写真については。以前、『喰寝』を見てメルマガで紹介させてもらって、もっと突っ込んでくる感じだと思っていたから、遠慮してるのか、すごくやわらかくて意外だった。なんかさ、おばさん2名、って感じがしたんだよ。（会場笑）。

金子山　それはまずいっスね。

都築　まずくはないと思うけど、おばさんたちがどこかでしゃれたランチかなんかして、そのあと、ちょっと時間があるから歩く？　あ、お花きれいね、みたいな感じ。男女がいろいろ思

※1　書いてたでしょ
『36　書く女×撮る男』収録「金子山さんのこと」に森下は写真の印象から実際に会うまで金子山を女性と思い込んでいた、とある。

感を持ちながら写真と文章で会話している、って感じでは全然ない。それがこの本の特徴なのかな、と。悪いことじゃないんですよ。でも、大丈夫かって気はする（笑）。きれいな魅力的な人を前に、そんなおばちゃんぽい写真でいいのか、って。

金子山　自分ではそんなおばちゃんぽいとは思ってなかったんで……。

都築　今回の本の写真、森下さんは全然セクシーじゃないよね。けなしてるんじゃないんだけど。森下さんがそうさせた？

金子山　妊婦さんですからね。お腹が大きいし、こちらもがつがつした感じにはならないじゃないですか。あと、顔や全体から優しい、穏やかな感じが出てたと思うんですよね。

都築　まあ、そうなんでしょうけど。今回、何か意図したことでも？　いや、けなしてるんじゃないんだよ（笑）。森下くるみを裸にするっていう写真集じゃないんだから全然いいと思うんだけど、何がこんなふうに丸くさせたのか、っていうのを聞いてみたかった。

金子山　自分としては何にも考えないで素直に撮っただけなんですけど……。ええ――？

都築　森下さんが金子山さんのおばちゃん的な部分を引き出した、みたいな？

金子山　森下さんのが年下なんですけどね。

都築　メンタリティは年上でしょ、かなり。

金子山　それは、そうですね（苦笑）。いや、でもそれ、かなりヘコみます。

都築　けなしてないよ。でも、緊張感のある写真が1枚もないわけで。お散歩ほんわか感にあふれてるのは、編集の意図なのか、二人のケミカル（化学作用）を反映してそうなったのか。

金子山　二人の感じだったような……。自分ではまったく意識してなかったですけど。

都築　この撮影で仲良くなったら今後なんかあるかもしんない、っていう目で（森下さんのことを）見てなかっただろうし。

金子山　いやいや、そんなことないです！

都築　少なくとも、森下さんはそういう目で金子山さんを見ていなかった。（会場笑）。

金子山　それは確かかもしれないですけどね。

※2 いただいたコメント
→P86〜91参照。

都築　男が女を撮るとき、その逆もだけど、普通見られる緊張感がないのがすごい面白かった。だから、数ページ見ただけでは、男のカメラマンかどうかわからないと思うよ。

金子山　そういえばいただいたコメント(※2)にもありました。いつもと違って、これは全然エロくないっていうのは。

都築　じゃあ、金子山さんとしてはこの本はけっこう例外的な感じですか？

金子山　自分としてはまあ、ちょっとこういう引き出しもある、ということで。(会場笑)。

都築　意外と器用だと(笑)。

金子山　そうですそうです。いろんな引き出しがあるってことでまとめていただけると、ありがたいかなと。

都築　何日くらいで撮影したの？　これ。

金子山　森下さんを撮ったのは2日だけです。

都築　短っ！　でも、その2日間は何時間も一緒だったわけでしょ？　楽しかった？

金子山　楽しかったですよ。

都築　どのへんが？　ドキドキしなかった？

金子山　ドキドキはその……編集とデザイナーの方が一緒にいるんでなかったですけど。

都築　そうか、二人きりじゃなかったんだ。

金子山　そうなんです。でも下北沢での打ち上げの帰りに少しだけ二人きりになったときは、ちょっとドキドキしました。

都築　遅いよ(笑)。

本が醸す違和感の秘密

あー、でも、そうか。この本にちょっと違和感があるのは、そうやって複数の人間がいる中で撮られた写真じゃない？　だけど、森下さんの文章はすごいパーソナルなものなんだよね。そのギャップなのかもしれないな。

この本に感じたのは、文章を書いている側の気持ちと、撮っている側の気持ち、それが少しズレてるってこと。ただ、それはどういう本を作りたいかによると思うから、いけないってことはない。気持ちを一緒にしようとすると、それはまた違う本になるから。ズレててもいいんだよ、別に。

金子山　はい。

都築　あと、もうひとつ、後ろに入ってる早川義夫さんと森下さんの対談。あれもまたズレてると思う（笑）。僕は早川さんが大好きでかなりファンなんだけど、早川さんには体だけの関係でいたい、みたいな、どエロな曲がいっぱいあるわけ。もしくはすごくシビアな別れの歌とか。昔ロックバンド（※3）をやっていた頃の曲は全然違ったのに、中年以降に性愛ってものに対して赤裸々に歌うようになったということがすごく面白いなと思っていて、実際そこが好きな人も多いんだけど。で、そういう人と、昔AVで活躍していた森下さんとの対談の内容というのが、ほぼ愛の話。前半部までの流れとまた全然違って、それはそれですごくいいんですよ。だって、何も同じトーンでやらないといけないことはないんだからさ。逆にここでまたほんわか対談が入ってたらなんか腹立つ、っていう（笑）。あの対談には男女の間の緊張感みたいなのが少し感じられるよね、文章に。早川さんもうれしかったと思うんだけどさ。（会場笑）。

※3　ロックバンド
早川義夫がボーカル、リーダーを務めた60年代末に活動していた伝説のバンド、ジャックス。

※4　写真のイベント
「金子山のワイワイワールド！」→P104参照。

そういう微妙な差異がいくつか重なっている、なんか不思議なつくりの本でしたね、僕にとっては。

「写真は抽象画」の真実？

金子山　僕は月1で写真のイベント（※4）をやってまして、毎回そのゲストの方に僕の写真論をぶつけているんですけど、今日も都築さんにそれを一応言わなきゃな、と。なんて言われるかわからないですけど。（会場笑）。

都築　まあ、大人ですから（大丈夫）（笑）。

金子山　——僕は、写真は抽象画だと思っているんです。

都築　ほほう。その心は？

金子山　（〜その心を語る〜）。僕は抽象画のことを勉強しているわけじゃないんであまり言うんじゃないって言われるんですけど、僕の感覚としては、写真は抽象画だと思っているんです。それについてはどうですか？

都築　いや、違うと思うけど。（会場笑）。でも、抽象画は置いておいても、全然考えてない感じ

はするよね。これ(写真を指す)、好きなとこ撮ってるだけでしょ?

金子山 そうですね。でも、本当にただ撮るっていうのが一番写真なんじゃないか、って僕は思っていて。

都築 うん、金子山さんにとってはね。で、それを抽象的といえば抽象的といえるんだけど、ただ撮ってるだけだよね、これね。たとえば、「都会の隙間が見せる瞬間的な面白さを有する風景である」といったことを考えているわけではないよね。

金子山 そうですね。

都築 (笑)。それが、金子山さんっぽいんだよね。そうじゃなく、「素顔が見えてしまう瞬間を探す」とか、もう少し意図を持って、風景を見る人もいっぱいいるわけじゃない。でも金子山さんは、ただかわいい子を見るとシャッターボタンを押す、みたいな。その「考えてない感」というようなものをさ、すごくかっこよく言うと、「抽象画」。(会場笑)。

金子山 そういうことだったんですね。

都築 だから、明確な意図は感じられないじゃない? 『喰寝』もこれだけ分厚い本だけど、全編を見てこの人はこういうふうに東京という都市を見てるんだ、っていうのは全然伝わってこないわけよ。

金子山 あっ、そうですか?

都築 うん。だけど、それは悪いことじゃないんだよ。先入観を持っていないってことでもあるから。先入観がなくて、後味もわからん、っていうさ。(会場笑)。でもそれは、金子山さんがそういうふうに街を見ているからだから。そこはほかの人と違うところであって、そういう見方、スタイルなんだろうね。それは、崩さないほうがいいと思うよ。

二人の写真はどこが違うか

金子山 都築さんが撮られると、ちゃんとこう、(意味が)あるじゃないですか。

都築 僕は、単に画面のよさを伝えたいと思ったことはないわけ。何が写っているか、これによってどういうものを伝えたいか、っていう

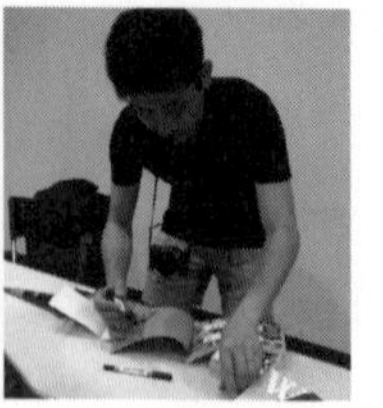

トークショー後にはサイン会も。都築御大は『圏外編集者』（朝日出版社）サイン本を製作中。これは編集者のみならずものづくりに関わる人なら必読の名著！

ジャーナリズムだから。結果的に（金子山さんの写真と）近い写真もあるかもしれないけど、僕はもう180度違うと思ってる。金子山さんの写真は街を歩きながら金子山さんが見ている感覚の揺れ動きであるとか、そういうことであって、写っているのは具体的なものだけど、これが100枚、1000枚集まってくると、逆にぼわーっとしてくるわけだよね。それが抽象的といえば抽象的かもしれないなと。だから、僕にはこういう写真は撮れない。撮ろうっていう意識もないし。（会場笑）。いや、だってさ、見ると撮っちゃう、それが金子山さんなわけ。報道じゃないからさ。でも、「撮れる」っていうのと、「撮る」っていうのは違うんだよものすごく。

金子山　はい。

都築　実際にシャッターボタンを押すまでには、大きな壁があるんだよね。そこで、なんでここで自分は押したんだろう、って考えると、それは僕だったら「今こうなっていることを伝えたい」っていうことだし、金子山さんにとってはもっと違うことなんだろうね。それが何かを考えることは大事だと思うよ。

自分の体験からいうと、それを一番考えるのは、一冊の本なり特集なりをつくるときに、写真をセレクトするプロセス。ここはけっこう考える瞬間なんだよね。なんで自分はこれを入れたいんだろう、自分が気がつかなかった、意識していなかった意図ってなんだろうなって考える。写真でも文章でも一緒だけど。何かに怒ったりしたとき、後でそのよくわからないもやもやを文章にしていくプロセスで、あのときなんでこう怒ってたんだろう？　っていうのをだんだん客観的に見れるようになるよね。写真もそうだと思うけどね。撮るまではさ、いってみれば「体験」なんだよ。だから、撮ったことじゃなくて、その後の選んだり捨てたりっていうプロセスが本当は大事なんだと思う。そのプロセスは金子山さんにとってはブログ（※5）を続けていく中にあるのかもしれないけれど、意識してほかのところでも自分でチョイスするといいのかもしれないね。

金子山　はい。ありがとうございます。

※5　ブログ「金子山 写真EXPO」の「今日」に金子山は街撮り写真を日々アップしている。http://kanekoyama.com/diary

EDDIE BAUER

写真の海で溺れまくれ!!

THE 金子山イベント

「金子山のワイワイワールド！」は、2014年のスタート以来20回以上を数える写真イベント。新宿の居酒屋で毎月行われるほか、各地でも開催されている。「写真を見せ合う」と聞いてワークショップをイメージする人は多いかもしれないが、それとは一線を画す、まさに金子山ワールド全開！な空間。そのコンセプトと6月に行われた第22回のレポートの模様をお届けする。

写真:点線面編集部　写真・写真提供:金子山

基礎知識編

金子山イベントの基本のキ！が1分でわかる！ 3 STEP

1 「ワイワイワールド！」とは

ほぼ月1回ペースで開催される写真家・金子山プレゼンツによる写真イベント。大きくはゲストと金子山の写真発表とトーク、my写真発表希望者による「ワイワイスライド」の2コーナーで構成されている。

2 「ワイワイスライド」とは

ワイワイワールド！の名物コーナー。「こんないい写真ありまっせ！」という気持ちがあればプロアマ問わず写真を発表できる（飛び込みも可）。推奨はUSBでの写真持参。「写真は押せば写るっていう一番簡単な発露だと思ってます！　ワークショップもいいけど、写真を見せに来ませんか？　毎回数人ほど発表してくれる勇者がいます！　勇者の写真を見てワイワイ。私の写真見てワイワイしましょう！　どんな写真も写真です。あなたの発露、見せに来てください！　お待ちしています！」by金子山。

3 「WWB（ワイワイ本＝ブック）」とは

ワイワイワールド！のゲスト、主宰の金子山、ワイワイスライド発表者の写真から編集構成されて年1回制作・刊行される。現在2015年版が発行されており、2016年も刊行予定。「（本誌掲載に際しては）掲載料くれとか言いません。その代わりギャラもないです！」by金子山。

第22回ワイワイワールド!に潜入!!

会場は新宿三丁目のビルの3Fにある居酒屋、みくに丸。その入り口ではテンテンコさんモデルの『WWB』ポスターがお出迎え。同店は劇団、映画、出版等の関係者に愛される一軒としてもおなじみ。

イベントはホストの金子山による軽いジャブのようなスライドショーからスタート。空気を和らげた後、とある行事で撮影された秘蔵写真を来場者だけ!(つぶやきも厳禁)にたっぷり披露。場は大盛り上がり。

ゲストの末井昭さんによるスライドショー。『写真時代』編集者時代の貴重な写真を見ながら荒木経惟さんらそうそうたる写真家たちの当時の活躍譚を聞く至福のひととき。

ホスト、ゲストに続き、希望者によるスライドショーが行われる。写真はこの日の有志2人のスライドを見ながらコメントする末井さん。スライドショーの合い間には同席したお客同士、世間話で談笑する姿も。

ゲストの末井昭さんのお話

末井昭
すえいあきら
1948年生まれ。岡山県出身。工員、キャバレーの看板描き、イラストレーターなどを経て、セルフ出版（現・白夜書房）の設立に参加。『ウイークエンドスーパー』『写真時代』『パチンコ必勝ガイド』などの雑誌を創刊。2012年に白夜書房を退社。現在はフリーで編集、執筆活動を行う。主な著書に『自殺』（朝日出版社）、『素敵なダイナマイトスキャンダル』（復刊ドットコム）がある。平成歌謡バンド・ペーソスのテナー・サックスを担当。

わいわいワールド！ではゲストとのかなり自由な質疑応答タイムがあり、この日も多くの質問が飛んだ。そのいくつかを紹介しよう。

エネルギー源は嘘をつかないこと

——末井さんは写真家の荒木さんはじめすごくエネルギーのある方と接してこられましたが、ご自身も含め、そうした方々のエネルギーの源はどこにあると思われますか？

末井　個人的には「嘘をつかないこと」にあると思いますね。僕は以前会社の重役だったんですが、だいたい嘘をつかないといけないんですよ。みんなを集めて、売り上げが足りないから頑張れ、っていうようなことを言うんですけど、自分の中では別にそんなに頑張らなくていいんじゃないかなと思いながら言うから、全然説得力がないわけですね。声も小さくなるし。あと、前の奥さんと一緒だったとき、夜遅くや朝方帰ることも多かったんだけど、つき合っている女の人の話なんてできないから家に帰ると会話が少なくなっちゃう。聞かれていなくても一応こっちから、朝まで仕事やって大変だった、なんて話したりして。そうすると、自分がどんどんどんどん弱くなっていくんです。だから、嘘をつかないで生きているのが一番エネルギーが出るような気がします。僕はね。

　表現というのは、結構そういうところがあるからいいと思うんですね。本当のことを文章に書いたり、写真を撮ったりしている人の気持ちが出る。そういうものを人に見せるってことは、もう丸裸の自分を見せているようなところがあって、それはそれで気持ちいいっていうのがありますね。

スライドショーでは金子山撮影による、会社在籍当時の末井さん（ご本人いわく「悪党の顔」）、2011年に渋谷で偶然再会した末井さんの写真も登場。

——恋愛は相手に少しは嘘をつかないとできないものかなという気がするんですけど。

末井　僕はほとんど自分のことは話さないんですよね。だから女の人の話ばっかり延々と聞いているだけで（笑）。恋愛っていうのがどういうものかわかんないですけどねぇ。

——女の人は話すこと、それを聞いてもらうことが好きですし、そういう点でもおモテになったのでは？

末井　あーそうかもしれない。編集者の性分というか、著者の話を聞いたり、あと怒り狂っている人の話を聞くことが結構多かったんですよ。取材をするとクレームがあったりして。で、編集の鉄則としてですね、そういうトラブルが起こったり、誰かが怒り狂っているときは、その日のうちに解決するっていうことがあります（笑）。こっちも長引くの嫌だし、ほっとくと相手の怒りもどんどん増幅される。すぐに飛んでいくと、誠意というものが相手にも伝わるんです。

金子山　ゲストの方にはいつもお話ししているんですが、ここでちょっと僕の写真論を言っていいですか。

末井　はぁ。（会場笑）。

金子山の写真論

金子山　僕は、写真は抽象画だと思ってるんです。いや、抽象画よりも抽象的なものだと思ってるんです。絵は自分で決着をつけられると思うんですけど、写真の終わりっていうのはカメラのシャッターを切ったときで。自分で把握していないところにいっぱい入り込んだりしてるじゃないですか？　だから、写真は一番あやふやなものなんじゃないかと。

　じゃあ写真家ってなんだ、というと、撮り続けていく人が写真家なんだと思うんです。

末井　そうですね。それは正しいと思います。僕が『写真時代』をはじめた1981年頃、森山（大道）さんってほとんど写真を撮っていなかったんです。それで連載をお願いして毎月撮ってもらってたんですけど、たいした原稿料払えないわけですよね。でも森山さんは『アサヒカメラ』の仕事をたまにやってたくらいで他の仕事もあまりやっていなくて、お金は全然なかった。そうなると普通アルバイトしたりすると思うんだけど、まったくしない。そういうところはすごいな、と。で、写真を撮り続けていて、何かの本でその頃のことを書かれていたんですけど、東北かどこかに電車に乗って撮影に行くとき、秋で窓から稲が黄金色に実ってる田んぼが見えたらしいんです。豊作なわけですね。それで、これだけ米が豊作なら自分のところにも米は回ってくる、食いっぱぐれることはないだろうと思ったと。すごいなと思いましたね(笑)。達観してる。

金子山　イギリスがEUから離脱とかしても回ってくるんですか?

末井　いや、それはわかんないですね。回ってくると信じればいいんじゃないですか。

金子山　はい。僕の写真論はこれで(笑)。

末井　でもまあ、自分の写真を説明する言語というのを持っていればいいんじゃないですかね。荒木(経惟)さんなんて、もうほとんど全部説明し切る人で。そうするとみんな納得したりする。

仕事はやり始めると楽しくなる

——末井さんは今、執筆業でご活躍されていますが、個人的にはやはり編集者としての印象が強いです。ご自身ではいかがですか?

末井　書籍は会社を辞めてから編集しているものが何冊かあるんですけど、雑誌をやるのはちょっとエネルギーがいるんで(難しいですね)。特に月刊とかだと毎月いろんなこと考えなきゃいけないしね。

——たとえばビジュアルメインの企画雑誌などを作ってみたいといったお気持ちは?

末井　頼まれたらね。だいたい僕、受け身なんですよ。(会場笑)。自分から何かやりたいということはあまりないんです。で、頼まれて何か始めると、楽しくなるわけですね。ものすごくきつくなることもあるけど。先日からやっている看板も頼まれたときはえーって思ったけど、描いてると結構楽しいんですよ

ね。だから、本当に受け身で、アクティブに自分から何かをやりたいってことはないです。もともと編集も行きがかり上始めたことで。自分から編集者になろうとは夢にも思ってなくて、逆に昔は編集者だけにはなりたくないと思ってたくらい。でもやってみると、えっこれ、俺の天職じゃない？（笑）って思ったりするんで。本当に他力本願というか受け身というか。さっきの恋愛問題もそうだけど、自分からっていうのはないんですよね〜。

生きることはなりゆき

金子山　末井さんの文章は読みやすいし、ふわっとしてるというか何ともいえない感じ。すごいなと思いますけど。

末井　文章はね、自分の中の編集者が自分の文章を評価するとヘタなんですね。言葉を知らないっていうのもあるんです。で、結構、幼児語が多い。よちよちとかよろよろとか同じことが2つ続く言葉。

——ワイワイ（笑）。

末井　ワイワイとか鬱々とかね。そういうのが逆にそれはそれでいいのかなって思ってるんです。子どもが書いた文章のようなところもあるんだけど、それは逆に——。

金子山　伝わりやすいです。

末井　伝わりやすい。難しく書く人もいるけど。それでね、僕、あまり知識ないんですよ。本も読んでないから。だから書けるとしたら自分の体験しかないわけですよ。そうするとあのとき何を体験した、ってことを書くから、そういう意味でのリアリティがあるよね。でも、本を読んで本を書く人の本を読むと、何にも残らないですね、僕はね。もちろん残る人もいると思うけど。だから、体験とか、そのとき本当に真剣に思ったこととか、そういうリアルなことしか書けないなと思うんです。

——写真と同じかな。

金子山　そんな末井さんの書かれた『自殺』という本は、末井さんご自身のタフさが非常に出ている、生命力にあふれた本だなと僕は思ったんですけども、最後に、末井さんにとって「生きる」とは？

末井　なりゆきじゃないですか。（会場笑）。

金子山　なりゆきですか？　ま、確かに。

末井　っていうかね、僕は今は「生かされてる」って考えるときもあります。自分で生きてるんじゃなくて。だから、自分が死ぬときも、これは自分で決めることじゃないんだけど、120まで生きるとか100まで生きるとか結構自分で決めている人っているわけよ。そんな気持ちはないですね。明日死ぬかもしれないし。でも、人間ってそういうもんですよ。若い人はわからないかもしれないけど、年取るとそう。何年後かにはいなくなるという儚さ、そういうものを抱えていることがいいような気がするわけですよ。だから生きることは、年を取るとどんどんよくなってくるんですよね。死が近くにあるほうがいいです。

金子山　荒木さんもそう言ってました。

末井　あの人はね、死が怖いと思う（笑）。でも、怖がることもまたいいんですよ。

金子山のワイワイワールド！開催DATA（2014年12月～2016年8月現在）

第1回	【日時】2014.12.26(金)　【会場】阿佐ヶ谷ロフトA 【ゲスト】都築響一、カンパニー松尾、平野勝之、小林勝行
第2回	【日時】2015.1.28(水)　【ゲスト】木庭貴信、go passion(杉田淳子、武藤正人)
第3回	【日時】2015.2.27(金)　【ゲスト】いくしゅん
第4回	【日時】2015.3.28(土)　【ゲスト】MARK
第5回	【日時】2015.4.18(土)　【会場】ホホホ座(京都)　【ゲスト】なし ＊「ホホホ座でスススライドやるんだな」
第6回	【日時】2015.4.28(火)　【ゲスト】弦巻勝
第7回	【日時】2015.5.28(火)　【ゲスト】岩淵弘樹
第8回	【日時】2015.6.23(火)　【ゲスト】江部拓弥
第9回	【日時】2015.7.28(火)　【ゲスト】野村恵子
第10回	【日時】2015.8.29(土)　【ゲスト】大橋裕之
第11回	【日時】2015.9.25(金)　【ゲスト】井村一巴
第12回	【日時】2015.10.24(土)　【ゲスト】金子山家族
第13回	【日時】2015.11.19(木)　【ゲスト】九龍ジョー、西光祐輔
第14回	【日時】2015.12.26(土) 24:30～　【会場】ネイキッドロフト 【ゲスト】いくしゅん、岩淵弘樹、九龍ジョー、冷牟田敬、西光祐輔、MARK、ジャン相見、井村一巴、西島秀慎、西光祐輔、廣田達也ほか ＊『WWB2015』『バイバイ。ありがとう』発売記念イベント
第15回	【日時】2016.1.27(水)　【ゲスト】テンテンコ
第16回	【日時】2016.2.29(月)　【ゲスト】ジャン相見
第17回	【日時】2016.3.25(金)　【ゲスト】鈴木心
第18回	【日時】2016.4.8(金)　【会場】ホホホ座(京都) ＊「春だから、アイツがまたやってきた！」金子山の『バイバイ。ありがとう』スライド&『WWB2015』参加者スライド
第19回	【日時】2016.4.10(日)　【会場】MARUZEN＆ジュンク堂書店梅田店7Fイベントスペース 【ゲスト】石井モタコ(オシリペンペンズ) ＊金子山のワイワイワールド！in大阪 「梅田のMARUZEN＆ジュンク堂書店をジャックしちゃうぞ！」
第20回	【日時】2016.4.23(土)　【ゲスト】花原史樹
第21回	【日時】2016.5.18(水)　【ゲスト】松江哲明、竹村武司、清野とおる ＊ドラマ『その「おこだわり」私にもくれよ！』監督、脚本家、原作者をゲストに迎えての「おこだわり」回
第22回	【日時】2016.6.26(日)　【ゲスト】末井昭
第23回	【日時】2016.8.3(水)　【ゲスト】松本祐貴
第24回	【日時】2016.8.31(水)　【会場】ロフトプラスワンWEST 【ゲスト】竹内厚、大泉愛子、寶野智之、スズキナオ、日下慶太、佐伯慎亮 ＊『36 書く女×撮る男』&リトルプレス発刊記念 金子山のワイワイワールド！in大阪「誰が一番大阪か？」

※表記のない回の会場は、ワイワイワールド！のホームグラウンド＝みくに丸(新宿三丁目)
※みくに丸での開催時間(基本)は3時間。時間帯は20:00～23:00を中心に、15:00～等ゲストの都合により変更あり
＊＝その回のコンセプト、キャッチコピー等

「プロもアマも関係ないみんなの写真の海」を収録した
『WWB2015』、好評発売中！
▶ http://kanekoyama.com/shop
ワイワイワールド！、『WWB2016』情報は
▶ http://kanekoyama.com/

金子山 presents

点線面スペシャル企画
その1

Colors on the Street

行く先々でシャッターを切る金子山。その写真には彼が心動かされた何か＋αが捕らえられている。膨大な数の写真を並べてみると、金子山の心が向かったものとともに、其処此処に散りばめられた、普段は意識していないさまざまな色も浮かび上がってくるのだ。

ただなんとなく写真を撮ってたんだと思います。

でもなんとなく撮った写真も単なる写真でした。

今は今日をただ撮り続けることが

写真なんだとなんとなく思ってます。

——金子山『バイバイ。ありがとう』帯文より

CLOSE UP! 金子山の写真道

金子山Red

金子山Yellow

CLOSE UP! 金子山の写真道

金子山Green

金子山Blue

CLOSE UP! 金子山の写真道

金子山Pink

点線面スペシャル企画
その2

金子山presents

THEお蔵出し 森下くるみ

2016年春、金子山は書籍『36　書く女×撮る男』のパートナーとなった書く女＝森下くるみに、撮る男として数度カメラを向けた。被写体のある特別な時間をとじこめたその写真は、見る人の心に優しく穏やかな空気を運んでくる。ここでは同書掲載写真のアザーカットなどをご紹介。

私道

特別寄稿

韓国色《エロ》紀行

A Journey to the Porn and Sex Industry in Korea

文・写真 高月靖

たかつきやすし
1965年生まれ。兵庫県出身。雑誌、書籍の編集を経てフリーライターに。内外の社会事象を扱う。著書に『南極1号伝説―ダッチワイフの戦後史』『韓国芸能界裏物語　K-POPからセックス接待まで…禁断の事件簿』（共に文春文庫）、『韓国の「変」コリアン笑いのツボ82連発!』『ロリコン』（共にバジリコ）、『キム・イル 大木金太郎伝説：海峡を越えた原爆頭突き』（河出書房新社）ほかがある。

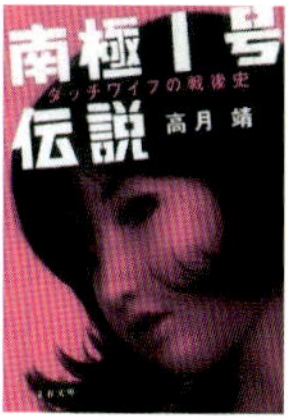

日韓の性が交差する「局部」

2016年6〜7月にかけて東京都渋谷区で「神は局部に宿る　都築響一 presents エロトピア・ジャパン」と題した展示会が開かれた。これは名もない造形師らによる「エロ」の世界を、いわゆる「B級アート」のインスタレーションとして見せる試みだ。会場となった小さなギャラリーでは、秘宝館の造形物、ラブドールなどが、実物と写真で展示されていた。

壁の一角を埋めていたのは、思い思いの枠を凝らしたラブホテル客室の写真。そのうち「アンジェロ・ベーゼ キタ店 801号室」と題された1点に、運動器具のような奇妙な椅子が写っていた。何かの装置を内蔵したような大きな箱の上に、黒い座面と背もたれが1組向かい合わせに設置されている。カップルが向かい合って座り、椅子の振動か何かをセックスに利用する趣向なのだろう。

渋谷のギャラリーの片隅に映し出された奇妙な椅子。この見過ごされそうなディティールも、実は日本とほかでもない隣国・韓国の下半身が交じり合う一種の「局部」なのだ。

と、本題に移る前に、ここで軽く自己紹介をしておきたい。我が韓国エロネタストックを披露していくにあたり、そんなものを有するに至った背

展示されていた奇妙な椅子のある客室の写真

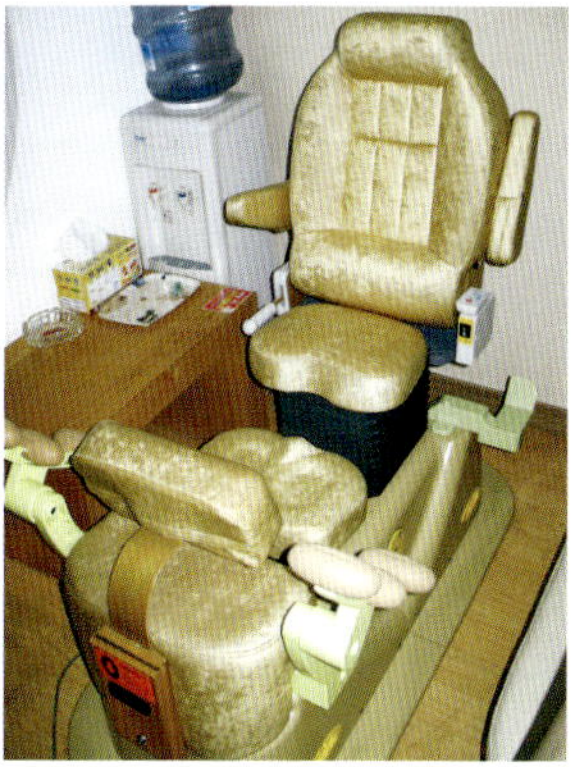
韓国の「モーテル」客室に置かれたドリーム・ラブチェア（水原市・2004年）

韓国エロまわり事情年表

作成：点線面編集部

1950年代末 この頃から簡素な素泊まり宿が増える

1960年代 都市化と経済成長により素泊まり宿が爆発的に広まり、安価な連れ込み宿としても機能し始める

1961年 朴正煕大統領が政権を掌握。エロは厳しく取り締まられる対象に

1962年 「特定地域」を設定（2004年まで売春が事実上黙認される）

1970年代 テレビが普及

1979年 朴正煕大統領が暗殺される

1980年 全斗煥大統領がクーデターで実権を掌握

1982年 性表現規制の緩和を受け、韓国初のエロ映画『エマ夫人』公開

1988年 韓国初のエロビデオ「山ブドウ」発売

1980年代 ホームビデオが普及。80年代以後の旅館やモーテルでは、アダルトビデオが集客の目玉に。

景が見えないと読者が共感しにくいと思ったためである。確かに能動的なスケベ椅子をきっかけに怒涛のエロ情報を放出されても通りすがりの読者は面食らうだけ、いや、逆にページを飛ばされて筆者が置いてけぼりを食らうのがオチだろう。

筆者と韓国の長すぎる蜜月（？）は、1990年代半ばに彼の国の文化を紹介する定期刊行物に編集として関わるようになったことでスタートした。その後別の媒体の取材等で韓国各地を訪れ、韓国のラブホであるところの旅館にも精力的に泊まった。そして個人的趣向から収集したネタを、フリーライターとなった2003年、『韓国の変』という一冊にまとめる。わかりやすくいえばVoW（©宝島）韓国版である。ちなみにその10年後には『韓国VoW』にて本家とも和合するのであった。

『韓国の変』から数年後、縁あって筆者が手にしたテーマが「エロ」だ。おバカネタにエロは付き物、これまでもずっと取り組んでいたといえばそうなのだが、それはさておき、2008年には『南極1号伝説　ダッチワイフからラブドールまで－特殊用途愛玩人形の戦後史』『ラブホテル裏物語』を上梓。その後も、「韓国」「エロ」の2大柱はくんずほぐれつ、筆者の脳内メーカーのほぼ99%を占め

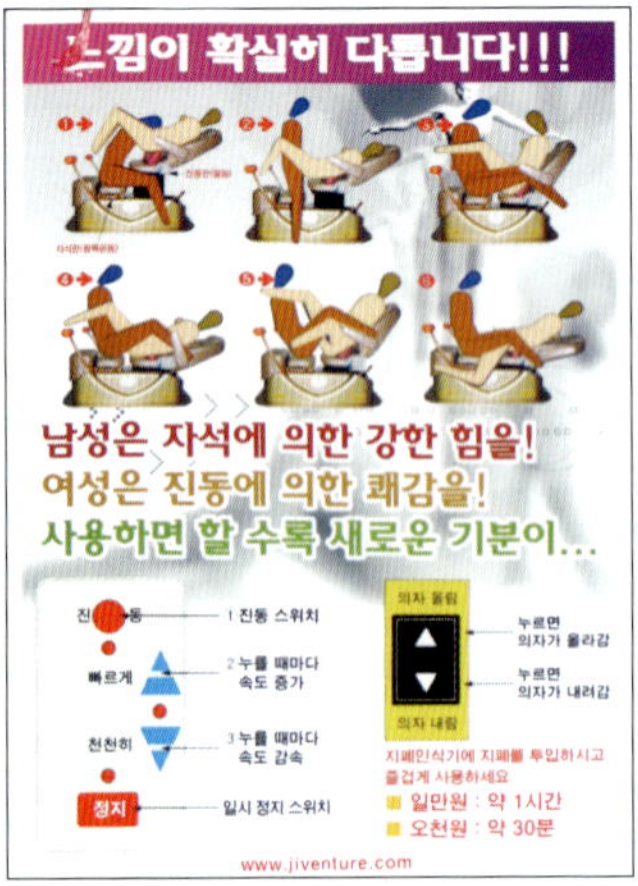

「ドリーム・ラブチェア」に添えられていた説明書

「旅館」がラブホテルとして機能し始める。80年代後半、日本のラブホテルによく似た「モーテル」が登場

1990年代　「貸室」（日中の時間貸し。日本の「休憩」にあたる）が広まる。この頃から2000年代初頭にかけエロビデオが大量にリリース。90年代後半には西洋の宮殿のイメージを乱雑に模した内外装の「モーテル」が流行

1997年　韓国に経済危機勃発

2003年　SEビジョン、ジャンボG&Iが開業

2004年頃　SEビジョンが「ドリーム・ラブチェア」を開発・製造

2000年代半ば　「モーテル」が若い層に向け「アミューズメントホテル」「ブティックモーテル」に進化

2006年頃　「ドリーム・ラブチェア」が日本のラブホテルに輸出される

2007年　東京で開催されたレジャーホテルフェアに「ドリーム・ラブチェア」が日本企業により出品される

るようになっていく。というわけで、拙稿ではなかなか日の目を見ることの難しいマイ虎の子である韓国エロソースをそれなりに昇華していけたらと考えている。では本題に戻ろう。

この奇妙な椅子は2004年あたりから同様の装置が韓国で作られ、日本のラブホテルにも輸入されていたことがある。商品名は「ドリーム・ラブチェア」。日本のウェブでも、いくつかのコミュニティでその評判をたずねる人たちの書き込みが残っていた。

箱の上に向かい合わせの椅子が乗った構造は、「アンジェロ・ベーゼ」の写真と同じ。ただし「ドリーム・ラブチェア」のほうが構造がより複雑だ。また主に女性が高く掲げた両足を載せるためのフットレストもついている。

使い方は製品に添えられていた説明書を見たほうが早いだろう。座ったままさまざまな体位が可能になる上、座面が振動して乗った人の腰を動かしてくれる。つまりカップルが挿入状態でこの椅子に座れば、後は機械が勝手にやってくれるわけだ。特に注目したいのは、ガシャガシャと音を立てて動く座面の振動。複雑な軌跡を描きながら突発的に激しい往復運動を繰り返す。不規則な運動の1つ1つに、開発者の試行錯誤が込められているようだ。

日韓各媒体の説明によると、人力でなく自動でセックスを介助するマシンは「ドリーム・ラブチェア」が世界初だという。「アンジェロ・ベーゼ」にあった正体不明の装置も、何らかの形でつながっている可能性が伺える。

「ドリーム・ラブチェア」を開発したのは2003年創業の韓国ベンチャー企業、SEビジョン。また2004年には同じく2003年創業のジャンボG&Iが、「ドリーム・ラブチェア」の販売を手がけて成長したという韓国紙の記事（『時事マガジン』2004年9月25日付）がある。ジャンボG&Iはほかにもさまざまなハイテク系アイディア商品を扱っていた。

韓国は1997年に未曾有の経済危機に見舞われ、大手財閥や金融機関がバタバタと破綻する事態に陥った。そこで産業構造をドラスティックに改革するために導入された政策の1つが、技術開発ベンチャーの支援だ。2003年にSEビジョンが創業してこの手の込んだ装置が登場したのも、大まかにはこうした流れが背景にある。

右：ラブホテルと似た宮殿風イミテーション建築だが、正体は結婚式場。90年代後半に数多く作られた（群山市・2004年）
左：典型的な古い安旅館の客室（大邱市・2003年）

政府のベンチャー育成の目標は外貨獲得だ。「ドリーム・ラブチェア」も2006年にはすでに、日本のラブホテル業界に輸出されていた。2007年に東京で開かれたレジャーホテルフェアでも、日本企業を通じて出展されている。アメリカの写真娯楽サイト「The Chive」は「韓国で開発され、日本のセックスホテルで非常にポピュラーな存在になった」と大げさに面白おかしく紹介しつつ、その金額を「$6200」と伝えた。

だが結局この「コリアンドリーム」は不発だったようだ。SEビジョンのウェブサイトは、2005年から2006年の間に閉鎖。販売を手がけたジャンボG&Iも、2006年にはソウル市が公表する高額税金滞納者リストに名前を連ねていた。レジャーホテルフェアに出展した日本企業も、情報が途絶えて久しい。

「ドリーム・ラブチェア」はその後も思い出したように、韓国のブログやウェブコミュニティで話題に上った。ただし位置づけは悪趣味なお笑い画像ネタの1つであり、すでに似たような無数の話題に埋もれて風化している。

日韓をまたいで関心と好奇心を集めた「ドリーム・ラブチェア」。だがそもそもこの「$6200」の巨大な装置を、個人に売るのは不可能だ。それがまず韓国で販売され、次に日本へ輸出されるには、ラブホテルの存在が不可欠だった。

ラブホテルと「ドリーム・ラブチェア」

日本のラブホテルという業態は世界でも比較的珍しい。そして韓国は、日本とよく似たラブホテル文化を共有する数少ない国の1つだ。

朝鮮で近代的な宿泊施設が登場するのは、日本の統治下でのこと。西洋式ホテルとともに、純和風の日本式旅館も数多く作られている。

いっぽうで50年代末からは簡素な素泊まり宿も増え、60年代からの都市化と経済成長にともなって爆発的に広まった。これが同時に安価な連れ込み宿としての需要も満たしていく。

日本でラブホテルが必要とされる理由の1つに、プライバシーを確保しづらい住環境がある。人口密度の高い韓国もこの事情は同じだ。

また「引きこもり」は日本特有の現象として海外にも知られるが、実は韓国にも少なからずいる。その背景は、両国に共通する親子の同居率の高さ。欧米と違って成人した子が親と同居することが容

右：90年代後半から00年代にかけてよく見られた「モーテル」のエクステリア（江陵市・2005年）
左：右よりひと世代古い「モーテル」のインテリア（洪城市・2004年）

認される社会環境は、「引きこもり」を生むと同時に、プライベートなセックス空間を提供するラブホテルへの需要も生み出しているわけだ。

ただし韓国でさまざまなセックス産業がアンダーグラウンドから浮上して可視化するのは、朴正熙時代の終焉を経た80年代から。旅館がラブホテルとしてセックス産業に特化したサービスを打ち出し始めるのも、それ以後のことだ。

日本のラブホテルによく似た「モーテル」が登場したのは、80年代後半。その駐車場では、係員が車のナンバープレートを隠す衝立を持って行き来するのがおなじみの光景となった。

続く90年代には日本の「休憩」に相当する日中の時間貸し＝「貸室」が広まったこともある。また90年代後半になると、西洋の宮殿のイメージを乱雑に模した内外装が流行した。

もっとも当初の「モーテル」は旅館との境界が曖昧だったが、00年代半ば以降は若いカップルを狙った「アミューズメントホテル」「ブティックモーテル」として進化を遂げている。「ドリーム・ラブチェア」はこのように韓国のラブホテルがレジャー施設化する過渡期に登場し、消えていったわけだ。

アダルトビデオ前夜の韓国

2003年に「ドリーム・ラブチェア」の販促動画が作られている。収録時間約24分のうち前半は装置の紹介、後半は生々しい実演シーンだ。ポルノも兼ねたこの動画を制作したのはユホプロダクション。同社はかつて韓国「エロビデオ」業界の代表的レーベルとして人気を集めていた。

この「エロビデオ」もやはり日韓の下半身が交錯する「局部」の1つだ。韓国では80年代後半のホームビデオ普及にともない、国産「エロビデオ」が登場。旅館や「モーテル」が客室での「エロビデオ」鑑賞を売りにする時代が訪れる。

事実上の売春黙認が2004年まで続いた韓国。だがメディアでの性的な表現に対する規制は、日本より遥かに厳しかった。露骨な性表現を嫌う儒教規範の伝統もあるが、1961年に政権を掌握した朴正熙大統領の存在も大きい。

旧日本軍の将校だった彼は60～70年代を通じて、軍国主義的な規律や風紀を国民に要求した。中学校や高校の男子生徒は詰襟学生服に丸刈りのような短髪が校則で定められ、60年代にミニスカートが流行すると、定規を持った警官が丈が短すぎる

右：2004年まで公然と営業していた「置屋」（ソウル市竜山区・2003年）
左：骨董市場の店先には違法な「裏ビデオ」も並んだ（ソウル市東大門区・2003年）

女性を摘発したりした。

映画はもちろん当局の厳しい検閲によって性表現が制限されている。また「淫乱書籍」「淫乱文書」を販売した容疑で著者や出版社が摘発される事件も、枚挙にいとまがない。

1975年には「淫乱漫画」を製造販売したとして、漫画家と出版社が逮捕される事件も起きている。そのほか70年代後半になると、「淫乱テープ」の摘発も相次いだ。これは「淫乱」な内容の音声を録音したカセットテープのことだ。

いっぽうで朴政権は、1962年に設定した全国104の「特定地域」で売春を事実上黙認した。日本人など外国人の売春ツアーを外貨獲得の一環としたためともいわれるが、国内向けのガス抜きの役割も大きかっただろう。

クーデターが生んだ韓国初の「エロ映画」

文章や音声まで「淫乱」として摘発の対象とされた朴政権時代。これでは60年代から日本を席巻したようなピンク映画はもちろん、エロ漫画、エロ本など「エロ」コンテンツの一切が発達のしようがなかった。

こんな状況に「雪解け」が訪れるのが1980年。前年の朴正熙大統領暗殺を経て、全斗煥大統領がクーデターで実権を掌握した年だ。

全斗煥は就任して間もなく、テレビ放送のカラー化、プロ野球とプロサッカーの創設、そして映画の性表現規制の緩和を次々に打ち出した。これは"Screen, Sports, Sex"の頭文字から「3S政策」の通称で呼ばれている。

「3S政策」は政権の不安定化を恐れた全大統領が、反政府運動を封じ込めるために行った「愚民化政策」というのが定説だ。いわばアメとムチのアメであり、全政権は同時に「三清教育隊」「緑化事業」など、不穏分子を矯正する血なまぐさいムチも用意していた。

いずれにせよ「3S政策」が始まった1980年は、韓国の大衆文化の大きな転換点となっている。1982年には性表現規制の緩和を受け、韓国初の「エロ映画」である『エマ夫人』が公開された。

見ての通り題名は仏映画『Emmanuelle』の邦題『エマニエル夫人』のもじり。漢字では『愛麻（エマ）夫人』だが、これは本来の『愛馬（エマ）夫人』が検閲で直された結果だそうだ。実際に劇中には意味深な乗馬シーンも登場する。

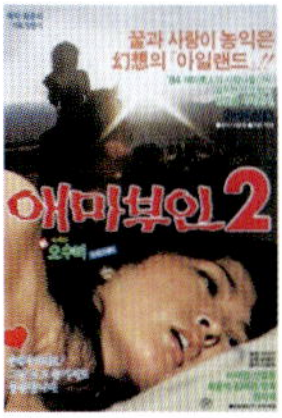

主人公は30過ぎの主婦。夫以外の相手たちとさまざまな情事を重ねる姿が描かれる。「エロ映画」といっても露出自体は控えめであり、実は60～70年代の文芸映画でまれに見られたセミヌードに毛が生えた程度。だが自慰の描写をはじめ快楽に耽る女性のエロチシズムを前面に押し出した内容は、当時の韓国では画期的だった。

『エマ夫人』は4カ月のロングランで31万人を集める大ヒットとなり、1995年の『エマ夫人11』までシリーズ化された。さらに1997年の『エマ夫人の娘』のほか、今年5月には最新作「エマ夫人2016」も公開されている。

ヨーロッパロケも敢行した「エロビデオ」

1982年には『エマ夫人』に続き、『叛奴』『野イチゴ』『赤いユスラウメ』などの「エロ映画」が堰を切ったように公開された。1990年には『愛馬(エマ)夫人』にあやかった『愛犬(エギョン)夫人』という作品まで作られている。いっぽう過熱するブームを抑えるように、1985年には「エロ映画」の扇情的な広告が禁止処分を受けたこともある。ただしこれは「エロ映画」に出演した韓国人女優が日本の雑誌でモデルになったことが、当局を怒らせたためともいわれる。

だが「エロ映画」ブームは長く続かなかった。80年代後半からアメリカの外圧により洋画の上映本数が増え、韓国映画全般が低迷したからだ。

同時にホームビデオの普及にともない、韓国にもついに「エロビデオ」の時代が到来した。韓国初の「エロビデオ」とされるのは、1988年発売の『山ブドウ』だ。これも大ヒットしてシリーズ化されたほか、『禁断の山ブドウ』『赤い山ブドウ』などの類似作品も量産された。

ただし「エロビデオ」といっても当時すでに日本で主流だった実録形式でなく、俳優たちが台本通りに物語を演じる劇映画形式。撮影も16㎜フィルムで行われたという。本番行為はもちろんボカシやモザイクなどの修正もなく、局部はカメラのアングルや小道具で隠していた。劇場公開されずビデオテープでだけリリースされる点を除けば、当時の低予算映画と特に違いはない。こうした点は『山ブドウ』に限らず、当時の「エロビデオ」全般に共通する特徴だ。

「エロ映画」の登場からわずか数年で、自宅の密室でも鑑賞できるようになった「エロビデオ」。その

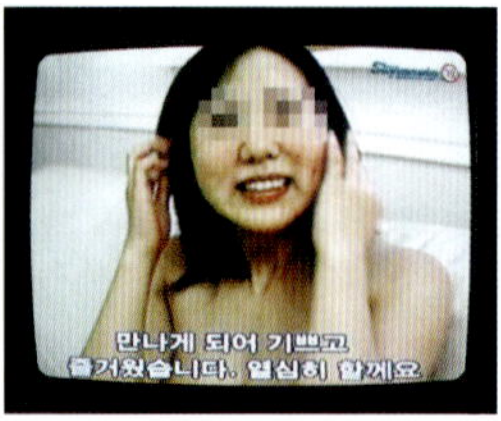

00年代前半にはCATVのアダルトチャンネルも盛況を迎え、オリジナルコンテンツが配信された。右は韓国デビューしたという日本人AV女優のインタビュー物（2005年）。左は韓国人俳優による典型的なCATVのポルノ映像（2003年）

市場は急拡大し、専門のプロダクションも次々に登場する。そして90年代から00年代初頭にかけて、大量のパッケージがリリースされていった。

その代表的なシリーズの1つが、ユホプロダクションの『性愛の旅行』だ。これは韓国人俳優と外国人女性とのセックスシーンが目玉。少なくとも1994年の第1作から1997年まで10作品が作られている。第1作は韓国国内でのアメリカ人女性との情事を描き、第2作では日本ロケを敢行。その後は潤沢な資金に恵まれたようで、第3作からロシア、フランス、ハンガリー、オランダなどヨーロッパで撮影を行った。

ユホプロダクションとともに「エロビデオ」普及に貢献したのが、後発メーカーのハンシネマタウン。1995年に大ヒットした『乳牛夫人 その気になったよ』をはじめとする「夫人」シリーズが代表作だ。『乳牛夫人〜』が成功した決め手は、「巨乳」をフィーチャーしたこと。韓国の「エロビデオ」もようやく単なる女性の裸やノーマルなセックスの描写から、パーツに執着するフェティシズムの世界に進化したわけだ。『乳牛夫人〜』もやはりその大ヒットによって、『スッポン夫人 ひっくり返ったよ』などの便乗企画を無数に生み出していった。

消えていった「エロビデオ」の作り手たち

こうして多様化していった「エロビデオ」のカテゴリの1つに、日本を題材にした一連の作品群がある。実は戦後の20世紀を通じて、日本は韓国人にとって憧れの対象でもあった。かつては反日感情を反映して日本文化の輸入が制限されたが、そんな時代にもテレビアニメや家電製品などは庶民に幅広く支持されてきた。松田聖子や田原俊彦といった80年代アイドルが韓国で人気を博したこともある。それが「エロビデオ」の時代を迎え、下半身の需要も満たされることになったわけだ。またいっぽうで、1998年に就任した金大中大統領が推し進めた日本文化開放にあやかった側面もあったともいわれる。

そんな日本絡みの「エロビデオ」の1つが、ユホプロダクションの『東京の人妻・純子』（2000

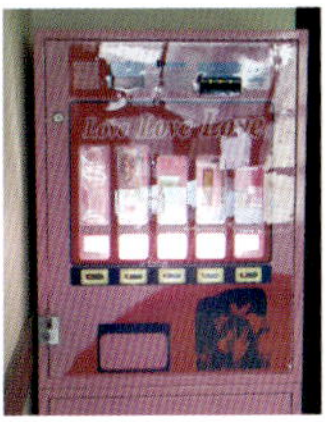
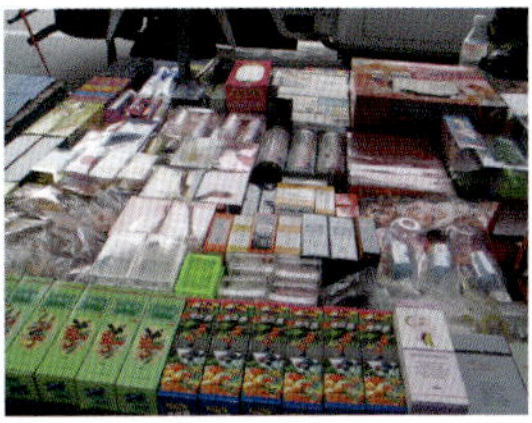

年）。主演は2005年に亡くなった日本の人気ポルノ女優・林由美香だ。内容は怪しい日本語を話す韓国人男性が東京でセックス三昧という、他愛ないものだったらしい。

林の没後作られたドキュメンタリー映画『あんにょん由美香』（2009年）は『東京の人妻・純子』に焦点をあて、監督ユ・ジンソンのインタビューも盛り込んだ。ユ・ジンソンは80年代に多くの劇場公開映画を監督した人物。デビュー間もないペ・ヨンジュン主演の映画『初恋白書』（1995年）も監督している。だが『東京の人妻・純子』と同年の『新宿女子大生』、また制作年不詳の『猟奇家政婦ハルコ』など、日本絡みの「エロビデオ」を最後にキャリアが途絶えた。

同じく日本絡みの「エロビデオ」を多く撮った監督に、ソン・ミョングンがいる。彼は90年代を通じてユホプロダクションの人気シリーズを手がけてきた監督だ。日本絡みの「エロビデオ」では『鈴木の私生活』『江戸川の赤いポスト』『武蔵関の2階建て』などを監督している。だが彼も1999年を最後に表舞台から消えていった。

00年代初頭までにぎわった韓国の「エロビデオ」は、やがてブロードバンドインターネットの普及で市場が消失する。ストレージサービスなどを利用したファイル共有が広く普及し、ビジネスが成立しなくなったためだ。

斜陽期の映画界からも人材が流入して活況を見せた韓国の「エロビデオ」業界は、こうして跡形もなく壊滅する。モーテル客室のビデオデッキも早々と姿を消し、代わりにパソコンが置かれた。

違法なファイル共有のネットワークは、「エロビデオ」より遥かに刺激的で生産力もケタ違いの日本製アダルトビデオ、さらに海外で配信されるその無修正版であふれている。動画配信サイトでは、アマチュア女性による成人向け有料ライブチャットが盛況だ。「エロビデオ」の俳優たちがヨーロッパで台本を演じていた時代から10年も経ずに、「エロ」のコンテンツは想像可能な刺激を極めつくしてしまったのかも知れない。

いまではスマートホンがその「エロ」の極地に通じるポータル、また人体に備わった新しい「局部」として、あまねく遍在している。「ドリーム・ラブチェア」や「エロビデオ」、あるいは「淫乱テープ」の作り手たちの記憶も、いずれこの広大な情報の海に希釈されて消えていくのだろう。

連載レポ

どきどきドイツ暮らし

文・写真　コッスィ〜（大越理恵）

今回のお題

ドクター・エトカー

「あ〜、これ!?　ドクター・エトカーさんのだよ」。ドイツで初めて持ち寄りパーティーに行った時、気に入ったケーキがありレシピを聞いたら、こんな返答が帰ってきた。どこのお医者さんかと思ったが、「Dr.Oetker」というドイツ国内外にシェアを持つ大手食品メーカーのことだった。友人が使ったケーキミックスや製菓材料を筆頭に、ピザやミューズリーなど幅広い商品ブランドを展開している。

前出の持ち寄りパーティーに始まり、自分の誕生日に会社や幼稚園にケーキを持って行ったり、フリマ出店の会費代わりにケーキを提供したり……。ドイツに来てからというもの、とにかくお手製ケーキの出番が多いことに気がついた。銘々が持ち寄る時は、チーズケーキやレモンケーキ、シュトロイゼルクーヘン（そぼろ状にしたクッキー生地をまぶしたケーキ）など飾りのないシンプルなものがよく並び、誕生日会は、クマ型グミやマーブルチョコをたっぷり乗せたチョコケーキという子供たちみんな大好きのど定番、サッカーフィールドを模したケーキや、細部まで作りこんだ海賊船ケーキなど親の気合の入りっぷりがわかるオリジナルも！　もちろんお手製と限定されているわけではないので、市販のケーキを買ってくる人もちらほら。ただ、ケーキ専門店が少なく、パン屋さんでケーキを買うパターンになるので、そうするとパンにまで選択肢が広がり、結果的にやはりブレーツェルにしようなんてことも。

スーパーには、お手軽に作りたい人のために、出来合いのスポンジ生地やタルト土台など、半お手製ケーキを作れる品が揃っており、ケーキキットも色々なブランドから出されている。私は最初に知った「ドクター・エトカー」ブランドを選ぶことが多いのだが、この商品の良いところは、ケーキバリエーションの豊富さ、美味しさに加え、作りやすいこと。パッ

ドクター・アウグスト・エトカーの父親が営むお店を再現。パン屋さんといえど、当時はよろづやといった感じで様々な商品を扱っていた。

定番商品、クリームプディングのオブジェにマグカップをセットすると、クリームプディングが出てくる！　自分で作るより美味だった♪

ドクター・エトカー本社。試作キッチンスタッフは「見学ツアーが始まって、前より真面目に働くようになった」とか!?

こっすぃ～（おおこしりえ）
ドイツ生まれの日本人夫にくっついてドイツへ移住したものの、何年住んでもドイツ語初級なフリーライター。自身のブログ「どきどきドイツ暮らし　おキラクときどき　おセンチ」（http://dokidokido.jugem.jp/）で日々の出来事などを綴りながら、海外情報発信サイト「Bound to Bound」（http://boundtobound.net/）ほかでドイツ記事を担当している。現地コーディネーターも行う江藤有香子とともにドイツのディープなネタを届けるべくあちこち駆け巡り中。

ケージに、ケーキミックスの内容、使う器具、材料がわかりやすく明記され、作り方も3ステップ程度の簡単行程、しかも写真入りで記載されているので、ケーキ作り初心者もお気軽に手が出せるのだ。

そもそも「ドクター・エトカー」は、1891年、ドイツ北部・ビーレフェルトで創業。薬剤師だったドクター・アウグスト・エトカーがベーキングパウダーを開発し、一般向けに小袋で販売したところ爆発的なヒットとなったのが始まり。ロングセラーのクリームプディングはじめ、ケーキキットに、デコレーション材料など、お菓子作りの強い味方として様々な製品を発売しており、トップシェアを誇る。また、長らくタブーになっていた事柄だが、同会社が1930年代からナチス政権と深い関わりがあったと判明した際、今日ではそれを後悔しているという声明を発表。暗い歴史に蓋をすることなく、ドイツらしくしっかりと過去と対峙している点が、逆に信頼を勝ち得た。

つい最近、とあるテレビで「ドクター・エトカー」が特集されている番組を見た。スーパーから出てきた客に突撃取材を敢行すると、かなりの確率で同社商品を購入していたのも驚いたが、それを他ブランドの類似品と交換しませんか？　と交渉すると、ほとんどの人が断っており、いかにドクター・エトカーが親しまれてるのかがわかり、興味深かった。

ビーレフェルトにある本社では定期的に見学ツアーを開催。地元出身の友達の誘いで参加したところ、同社の歩みを当時のエピソードを交えつつ解説してくれたり、ベーキングパウダーが開発された秘密部屋が再現されていたり、試作キッチンで試作している様子が見られたり、同社商品の試食ができたりと内容盛りだくさん。そして何より、意気揚々とドクター・エトカーについて語る友達をみていたら、地元民の愛がしみじみ伝わり、さらにドクター・エトカーファンになってしまった。日本ではまだ正規取り扱いはないけれど、ドイツを旅した際のお土産候補にしてはいかがだろう。

パン屋さんのケーキは一切れサイズがメインなので、ホールケーキは事前予約が必要。カフェにケーキを卸している店が特に人気。

手前は、ざく切りにしたパンケーキ、クリームプディング、色鮮やかなゼリーなど、お手軽デザートの素。奥の冊子は、レシピブック。

ドクター・エトカー群が大半を占めているスーパーの製菓コーナー。バニラエッセンス、レモンピールなど製菓材料もたくさん！

連載エッセイ

天晴《あっぱれ》！日本酒
「渡舟《わたりぶね》」（府中誉《ふちゅうほまれ》）の巻

文　山田やすよ
写真　ミヤジシンゴ

惚れた酒は〝鈴木京香〟でした

日本酒にハマり、かれこれ25年ほどになるでしょうか。最初の出合いは、佐渡島での友人の結婚式のために前日入りした新潟。偶然入った小料理屋さんでいただいた「清泉」だったんですが、いやー日本酒ってこんなにうまいもんなんだ、と感動いたしました。その後、串焼き屋を営む男性と結婚し、店で供する日本酒の数々を下戸のだんなの変わりに私が味見。3年後離婚しましたが、ここで得た知識が何はさておきこの3年間のいちばんの財産になりました。

ところで、茨城って関東で最も酒蔵が多いってご存知ですか？　まあ、米どころですからね、そりゃそうなんですが、これ取材で知りました。そのとき出会った蔵元さんが、今回紹介する「府中誉」です。

取材時に造りの話をお聞きしたのですが、こちらの山内社長、説明が実にお上手。そもそも日本酒に限らず、アルコールというのはすべて酵母が造ります。この酵母のごはんは、糖分。ワインは材料のぶどうに糖分がありますが、日本酒の原料である米にはないので麹を使って米のでんぷんを糖化しなくてはなりません。この関係、蔵元取材のたびに言葉で説明されてもぼんやりとしか……だったんですが、山内社長は酵母を学生に、麹を学食のおばちゃんにたとえて説明するのです。学食のおばちゃんが厳しく食事を調整し、学生を常に腹ペコにさせて、質のいい食事をあげて優等生に育てるのだ、と。なるほど～。

一般に、日本酒は三段仕込みといわれます。それを山内流に説明すれば、最初の酒母は幼稚園生、一段の初添えは小学生、二段の中添えは中学生、三段の留添は高校生。エリートを育てるには幼稚園から。人間と同じですな。妙に納得してしまいました。でも優等生がおいしいってわけでもないよね。で、口にしたのが「渡舟」。

このお酒は府中誉が絶滅しかけた幻の酒米「渡船（わたりぶね）」を復活させて醸したもの。そしてこの渡船、実は優良酒米の「山田錦」の親米なのだとか。しかも私の大好きな「雄町米」とも親戚らしい。つまり超スーパーエリート!? とはいっても、まずは飲んでみないとね。

香りは……華やか！ やさしく華やかです。口に含むと旨みが舌の上にぐわっと広がります。そして甘くなり、最後喉を通るときにはかすかな酸がきき、喉越しさわやか。でもちゃんと余韻があるの。いやー、うまい!! 悔しいぐらいうまいです。

私女性ですが、日本酒ってたまに女性にたとえたくなります。やさしくて華やかで強くて清々しくて、最後にちょっと艶っぽい。誰や、そんな女。若いときの岩下志麻？ あくまで若いときです。古いか……。サルマ・ハエック、ペネロペちゃんまでいっちゃうといろっぽすぎるかな。あ、美人役のときの鈴木京香!? おばちゃん役のときは除く。

府中誉は400石、1年間で一升瓶約4万本の蔵元です。日本酒蔵では最小単位といわれる規模。でもそこにこんなお宝があるんですね。日本はまだまだ広く、日本酒は深いです。

というわけで、渡舟はここ数年、私の日本酒一等賞の座を動いておりません。

府中誉株式会社

筑波山系の湧水・府中六井に恵まれる石岡の地で1854年に初代山内権右衛門が創業。代々継承してきた技を基本に「渡舟」「太平海」「府中誉」を造り上げげた。蔵見学も可能（要予約）。[住所] 茨城県石岡市国府5-9-32　[電話] 0299-23-0233　http://www.huchuhomare.com/

やまだやすよ
旅ジャンルをメインに書籍・雑誌・サイト等で活動する編集&ライター。著書に『台湾夜市を食べつくす！』（産業編集センター）、『台湾の食堂ゴハン』（ピエ・ブックス）、『しろめしの友』（晋遊舎）など。中国茶インストラクター協会所属。

ミヤジシンゴ
写真家。東京生まれ。1993年よりフリーフォトグラファーとして活動、広告・出版の仕事に携わる。1997年より葉山で暮らし、一色海岸を10年間かけて撮った作品をまとめた『葉山　一色の海』（用美社）を2014年に上梓。

もう、さぼりません。

オオモリユミ コ

最近は撮影OK（すごくありがたい）な展示が増えてきて、撮影して記録に残したり、ピンときた展示の図録は手に入れます。でも、その持ち帰った記録たちは、実物の感動にはほど遠い印刷物だったりデジタルデータだったりします。（まれに、うっかり、逆もあります。）

それでいいと思います。

それがいいと思います。

Volez, Voguez, Voyagez 旅するルイ・ヴィトン展 @紀尾井町

展示のために建物を建ててました。すごい。ヴィトンの軌跡をたどる展示。白須次郎のトランクも。そんな時から日本人も使ってたんですね。バッグもステキでしたが、紙もののデザインもステキ。本国の展示の時に作られた図録（大きい、重い、高い、英語！16000円！！！）を購入。まだ未開封。でも、満足♥

雑貨展 @21_21 DESIGN SIGHT

「雑貨」好きです。たくさん並んでてワクワクしました。お高い雑貨から、ゴミがらくたみたいな雑貨まで。崎陽軒のシウマイのしょう油入れがおそらく全種類展示されており、いつか手に入れたいと思うけれど、あの肉肉しいシウマイが得意ではない…。しょう油入れだけ販売してください。切に願います。

村上隆のスーパーフラット・コレクション @横浜美術館

コレクション数が半端なく、展示というより羅列というくらい少し雑でぎっしり。その展示の様子もよかったです。ただ、こんなにあるとすごいってこと忘れがちですが。この図録、展示の時にまだ完成しておらず、注文で6月(展示は3月)に送付予定とのことでしたが、このたび9月中に延期とのハガキが届きました。実に楽しみです。

それでこそ、「生」な意味があると思います。

そんなあたり前のことを今さら考えつきました。

「写真にはうつらない美しさがあるから〜♪（byブルーハーツ）」と鼻歌を歌いたくなります。（本当の意味とは違います。）

たくさんのアートにあふれてる場所にいるのに、ずいぶん長い間さぼってました。

もうさぼりません。

気になったモノはみに行きます。

手に入れます。

そんな決意表明、そんな記録です。

おおもりゆみ
1976年生まれ。愛媛県八幡浜市出身。フリーランス12年生。ちゃんと生きたい。『36書く女×撮る男』『点線面』デザイナー。記事を書くことになるならもうちょっとちゃんと写真とっておこうと思いました。
http://nico-to.com

Björk Digital
—音楽のVR・18日間の実験
@日本科学未来館

VR（バーチャル・リアリティ）の貴重な体験をしました。ヘッドセットをかぶっての360°映像があったり、ビョークの口の中に入ったり…。過去のPVもシアターで流していました。今見ても色あせないな。VRコンテンツは正味3曲30分弱でしたが2500円はなかなかな…。でも体験できてよかったです。

神は局部に宿る
都築響一 presents エロトピア・ジャパン
@アツコバルー

ラブホテルやイメクラや秘宝館な展示。秘宝館のDVDも流れていて、いちいちシュールでした（特にテロップが）。初ラブドールをお触り。想像していたよりしっとり感はありましたが肌質がかたかったです。あったかくなるともう少しやわらかくなるかな。女子の代わりとはあまり思えず。いい経験。もみもみ。

ライアン・マッギンレー
BODY LOUD！
@東京オペラシティ アートギャラリー

写っている人たちは揃いに揃って全裸。なのに全然エロくない。そして、自信にあふれててステキ。こういう人が撮ってくれたらコンプレックスも吹き飛びそうだなと思いました。こんなにエロくないヌードも珍しかったです。ハッピーな気持ちになるアート写真でした。ヌードといえば、アラーキーやレンハンも好きです。

点→線→面への道
すみだストリートジャズフェスティバル

第7回
8月
13・14日
開催

「人と人との出会い、つながりから広がること」に注目する本誌がここでご紹介したいのが、今夏7回目を迎える「すみだストリートジャズフェスティバル」。10万人を集める夏の風物詩ともなった同イベントをゼロから立ち上げ、盛り上げるべく尽力し続ける人々のパワーの源は？　そもそもスタートのきっかけって？——などなど、素朴な疑問を引っさげ、２０１６年の開催日までひと月を切り、大忙しの広報部長を直撃！しました。

はじまりは「街おこし」

——まず、この「すみだストリートジャズフェスティバル」（以下、すみだジャズ）を立ち上げた目的、きっかけについてお聞かせください。

すみだジャズとその運営にあたる実行委員会は、初代チェアマンを中心とした有志により街おこしを目的として立ち上げられました。初代チェアマンは錦糸町で印刷業を営んでいるのですが、ご存知のよ

すみだストリートジャズフェスティバル

2010年から8月に2日間にわたり行われる。地元の商店、町会らとともにつくり上げる地元を挙げての音楽フェスティバルで、第7回を数える2016年は8月13・14日に開催。錦糸町駅前の錦糸公園と周辺スポットに設けられた40ステージでジャズの枠を超えた多彩な演奏、催しが展開される。http://sumida-jazz.jp/sj/

うにIT化が進む現在、印刷業は斜陽産業。少しでも顧客のニーズを掘り起こし、それに応えるべくアイデアをしぼり体制を整えても、長い目で見れば起死回生の策にはなり得ません。加えて当時の墨田区は、23区内でも平均年齢、生活保護受給者率ともに非常に高いという状況でした。自分たちの会社が多少うまくいっても街全体の底上げがなくては続かないと考えた彼は、10年近く地方の町おこしイベントをチェック、検討していましたが、その中から比較的成功率の高い「ジャズフェスティバル」に注目。例えば宮城の「定禅寺ストリートジャズフェスティバル」は約70万人、大阪の「高槻ジャズストリート」は約23万人という来場者数。70万の人々が1人100円使ったとしてもすごい金額です。しかもどちらも市民ボランティアがはじめたフェスでした。これならできるのではないか――。そう考えた彼には偶然、高槻出身の友人がいました。そこから「高槻ジャズストリート」を立ち上げた方と知り合え、いろいろアドバイスをもらうことができたのです。ちなみにこの高槻出身の友人は、すみだジャズの初年度から実行委員長として動いています。

墨田区は錦糸町駅前の錦糸公園で戦後初の野外音楽祭が開かれたこともあり、1989年に音楽都市宣言をしています。そうした区の姿勢にも合致し、助成金等も申請しやすいのではないかとも考えました。街が未来永劫続くには次世代の存在が必要です。彼らにお金ではない何かを残したい、という思いもあり、老若男女、誰もが優れた音楽を無償で楽しめる、という文化を継承できたら、という思いからすみだジャズはスタートしたのです。

――立ち上げ当初の運営メンバーの顔ぶれは？

初代チェアマンと実行委員長の知り合い、ボランティア募集で参加した人たちです。経営者もいれば、ビジネスマン、学生、リタイアした人、家族で参加する方も。墨田区在住の方もいれば、音楽が好きだから、と横浜から参加してくれる方も。いろいろです。初年度より関わっている音響や設営関係に詳しいスタッフは、息子さんも手伝ってくれました。その子は今年、音響関係の専門学校1年生です。初年度の経験はつい最近のような気がするのですが、彼の成長を見ると今年で7年目か、と感慨深いです。

「お互いさま」の連鎖を体感

――ほかの音楽フェス運営メンバーと交流されたりもしているようですが、それを通して見えてきたといったこと（プラス面・マイナス面）がありましたら。

私たちとつながろうとしてくれる音楽フェスは、どこも自分の関わる地域をよりいいものにしよう、というところが多いです。大先輩の「高槻ジャズストリート」「定禅寺ストリートジャズフェスティバル」はもちろん、「ジャズin府中」「ふなばしハワイアンフェスティバル」「釜石JAZZ&POPフェスティバル」「やらまいかミュージックフェスティバルinはままつ」「ふなばしミュージックストリート」「松之山温泉JAZZストリート」……みんな地元を愛しているんだなぁ、と感じます。東京集中とはいっても、それぞれが地元をよりよくしたい、との願いは同じ。その気持ちが伝わるすてきな活動だと思っています。

この活動に触れていると、フェスだけでなく、人間は「お互いさま」の心が大事、と感じます。行政が資金を出しているところはありますが、それでもみんな資金が潤沢なわけではない。向こうの手伝いに参加すれば、向こうも自分たちを助けてくれる。景気低迷の現在、余計なことはしないという風潮も強くなっていますし、またIT等の進化もあり「お互いさま」の精神を体感する場が少なくなっていますが、それを体感できると思います。

自分たちの団体はもちろん、ほかのフェスのボランティアに参加される方を見ていると、自分の存在意義を求めている方が多いような気もしますね。

また、マイナス面に関してですが、今年7回目を迎えるすみだジャズは2000万という大きなお金が動いていて、はたから見ると資金が潤沢に見える人もいるかもしれません。でも実際は、毎年赤字になるのではないか、とみんなビクビクしながら活動しています。これはどこのイベントでもあるようですが、一緒に動いていてもこの点を実感できず、お金集めは自分には関係ない、という姿勢のスタッフが存在するのは残念です。また、音楽フェスならではなのか、ゲストや出演者に対しての対応が第一になるスタッフもいます。ゲストがこうしてと言うから、と相手の言い分を全部聞いてしまう。こうした摩擦はほかのフェスでもあるようですが、私たちは素人の運営する音楽フェスなので、機材なども最高のものを用意できるわけではありません。制約の多い中で個々人がそれぞれのベストを持ち寄ってその日その時のベストを一緒につくっていく、そうした意識で取り組めるといいなと考えています。

すべてをボランティアの手で

——組織運営において工夫、配慮されてきたことを

お聞かせください。

すみだジャズはスタッフすべてがボランティアで、運営資金は企業協賛、当日配布するパンフレットへの広告、当日スタッフが運営する飲食ブースの売り上げ、毎年作成するTシャツの売り上げ、寄付、募金で賄っています。みんなが限りのある時間の中で集めた大事なお金です。そのためどうお金を使っているのか、資金、予算の透明化を心がけています。そういった意味も含めて、会議は誰でも参加ＯＫ。意見があれば発言していただいています。ただ意見だけではなく、口にしたからには自ら動いてね、というスタンスでもあります。

ゲストの選出については、委員会、チームごとに推薦を出し、みんなで決定しています。好きなミュージシャンを呼べることもあり、モチベーションが上がるようです。

今年は約40ステージで開催するのですが、そうなるとやるべきことはたくさんあります。チラシ配布、写真展示用のパネル作り、倉庫の整理、各ステージの機材の仕分け、出演バンドへの連絡、ゲスト対応、当日の駐車場の手配、メイン会場の設営準備、搬入計画、飲食ブースの材料手配、Tシャツ通販対応、役所への提出書類の準備、協賛金集め……やることは山ほどあります。特に倉庫での作業はエアコンがないですから、大変です。そういった面倒なこと、力仕事などには不参加で、でも口だけはだす、という人の言うことはみんな聞かないですね。逆にアピールはしないけれど、縁の下の力持ち的なスタッフは自然と大事にされます。

ボランティアに参加してくれたスタッフは、なるべく自分が体験したい、やりたい、向いている仕事、チームに参加してもらうようにしています。必ずどこかに自分の居場所があるはずです。

スタッフに誘われて、という方もいますが、チラシやサイトのボランティア募集の呼びかけで参加される方も少なくありません。1億人以上いる日本でつながるせっかくのご縁。少しでも壁が低くなるようにニックネームをつけて呼び合い、当日のネームホルダーにも「自分が呼んでほしい名前」を書いてもらいます。すみだジャズに参加するスタッフは、会社の肩書など誰も気にしません。また、フェス当日はスタッフ全員に今年のTシャツを配布しており、そこからも一体感を感じてもらえていると思います。

収支の透明化、一体感などありますが、やはりいちばんは存在意義を実感してもらうこと＝とにかく

楽しかった！　と感じてもらうことと、無理はしないこと。自分も含めてですが、楽しい、と思えないものは続きません。無理をすると楽しくありませんし。

――運営資金について、特に工夫されている点などは？

　繰り返しになりますが、運営資金は協賛金、当日配布するパンフレットへの広告、当日スタッフが運営する飲食ブースの売り上げ、毎年新しく作成するTシャツの売り上げ、寄付、募金で賄っています。そこに今年はアンセムが加わりました。初年度から出演してくれているプロの方にお願いして音源をCD化し、1000円以上の寄付に対してプレゼントしています。

　Tシャツは毎年新たに作っています。一般Tシャツ、バンドTシャツ、協賛Tシャツの大きく3種で、出演バンドの名前をすべて背中に記載したバンドTシャツは、なるべく出演バンドに購入してもらっています。ほかのフェスでは出演バンドから出演料を徴収するところが多いのですが、すみだジャズでは義務化にはせず、「機材の準備、ポスター制作等、このイベントを盛り上げるためには資金が必要。1枚ご購入いただければ資金の一部になります」という購入を促す案内をしています。毎年1000枚以上になるので、貴重な資金源です。

　協賛Tシャツは、一般Tシャツの裏に企業の名前やロゴを入れて20枚6万で作るTシャツです。それを当日スタッフが身に付け、動く広告になってもらいます。これが好評なのですが、会を重ねるごとに、協賛企業さんたちから自分たちにほしい、と言っていただき、ボランティアに回らなくなっているのがうれしくもあり悩みでもあります。

6年を振り返って

――1回目から6回までの感想、また、それぞれのステージ数、推定来場数等を教えてください。

第1回（2010年8月21・22日開催）
24ステージ　来場者／約2万2000人

　初年度で、何もわからず、とにかくけが人なく終わってよかった！　という感じでした。メインゲストが日野皓正さんだったのですが、腰の曲がったおじいちゃんが「おれ、もういつでも死んでもいいよ！」と5000円を募金箱に入れてくれたのにうるっときました（笑）。

第2回（2011年8月20・21日開催）
35ステージ　来場者／約4万人

東日本大震災の年です。悩みましたが、開催を決定。この年の収益はすべて被災地に寄付しました。8月開催でしたが、この年は冷夏で、当日雨も降りました。でもこの年のおかげで、今は雨がふってもなんとかなる、という感じです。飲食ブースで、「熱燗ないの?」という来場者がいたのが印象的です。

今では恒例になっているジャズバスを、初めて運行しました。会場間の移動に貸し切りバスを利用し、移動中も音楽が楽しめるように車内もステージにしました。都バスは安全面でNG、東武バスさんが快く引き受けてくれました。当日は移動のためだったけど、各停留所で降りる人が少なくみなさん楽しんでくれました。関東初だったと思います。

第3回(2012年8月18・19日開催)
34ステージ　来場者/約8万人

少しでも会場を回ってほしくて、「街歩きスタンプラリー」を開催しました。

第4回(2013年8月17・18日開催)
33ステージ　来場者/約10万人

※これまで来場者数はパンフレットの数で算出していましたが、明らかに飲食ブースの売り上げが上がっていて、パンフレットでの算出ができず。この年から2日間の飲食ブースでの1人あたりの売上を計算し、算出しています。

この年、スタッフ同士で結婚したカップルが生まれました。このイベントがなければ出会うことがなかったかもしれません。スタッフみんなのうれしい出来事です。

第5回(2014年8月16・17日開催)
34ステージ　来場者/約10万人

※この年からイベント保険の関係で、来場者は「約10万」としています。

私たちボランティアスタッフで運営していた飲食ブースで、この年は地元飲食店とコラボメニューを販売しました。わずかではありますが、地元飲食店の宣伝になったかと思います。

第6回(2015年8月15・16日開催)
34ステージ　来場者/約10万人

戦後70年の年で、ピーター・バラカンさんを招いて「平和と音楽」について語っていただきました。この年のゲストは、戦後70年改めて日本を考えるということもあり、ルーツ音楽の方をゲストに迎えました。『新日本紀行』のオープニングで流れる奄美大島出身の朝崎郁恵さん、アイヌ出身のMAREWREW，IKABE&OKIさんに音楽を奏でていただきました。

――6回行われる中で培われてきた、すみだジャズ

すみだストリートジャズフェスティバル Tシャツアルバム2010▼2016

2011
イラスト:高松啓二

2010
イラスト:劔持彰規

2012
イラスト:サイトウマサミツ

2014
イラスト:安斎肇

2013
イラスト:HITOE

2016
イラスト:百世

2015
イラスト:金子洋典

ならではのカラーとは？

やはり全会場無料で生の演奏を楽しめること、誰もが自由に音楽を楽しめることです。錦糸町の駅を出ると、どこを歩いていても、生の楽器の演奏が耳に入ってきます。

また、ジャズフェスとは謳っていますが、演奏している音楽のジャンルが、スタンダードジャズだったり、コンテンポラリー系だったり、ボサノバ、ラテン、フュージョン、ルーツ系さまざまです。いい音楽はやはりジャンル関係なくいいものですし、それも素晴らしいと思っています。

ボランティアスタッフに関しては、必ず居場所があります。みんなで同じ思いでひとつのイベントを作り上げる経験は、あまりないと思います。貴重な体験ができますよ。

――開催直前の第7回（2016年8月13・14日開催）の目標と見どころ、今後目指されていることなどを。

第7回は、ルーツ音楽のゲストが参加した昨年とはがらりと変わり、水着のジャズピアニストこと高木里代子さんとTRFのDJ KOOさんとのコラボがあります。ジャズとダンスミュージックのコラボです。

また、ソーラー発電で音楽を演奏することに挑戦します。リヤカー等にソーラーパネルを積んでそこから発電、ストリートで演奏します。

今年のTシャツは、故忌野清志郎さんのお嬢さんでゴムハンコ作家の百世さんによるイラストです。清志郎さんも天国ですみだジャズを観てくれているかもしれません。

今後は――年に2日間だけでいいので、墨田区全域で音楽をどこに行っても無料で楽しめるようになったらいいですね。

――最後に、すみだジャズの舞台である錦糸町のある墨田区、そこに暮らす人々にはどのような印象を持たれていますか？

個人の感想になってしまいますが、よくも悪くも不器用という感じでしょうか。自らのアピールは苦手。人見知りですし、新しいこと、前例のないことはなかなか進みません。でも、そこが人間くさくて面白いところでもあります。逆に、応援しよう、といったん決めたら、「粋だ」と心意気を感じられたら、とことん応援してくれるんです。

グルの言葉が響かない

こぱん

最近、2・5次元ミュージカルというものにはまった。

2・5次元ミュージカル【にーてんご・じげん・みゅーじかる】
2次元で描かれた漫画・アニメ・ゲームなどの世界を、舞台コンテンツとしてショー化したものの総称。
（一般社団法人 日本2・5次元ミュージカル協会HPより）

きっかけは大好きな漫画が舞台化されたというところから。チケ取りを頑張り人事を尽くして何回か生で観ることができ、その結果よくある舞台ロスに陥った。ロス解消のため、推し（ひぇ〜〜）や出演者が出る他の舞台も観に行ったりしたんだけど、つま…ピンとこないものもありますな。申し訳ねえ〜と思ったりもしたけど、ジャンプの連載漫画を全部好きってことはない。そう考えると、ピンとこなくてもおかしくはないし、作品を選んで見極めて観に行こうという気持ちになりました。

そんな時期と平行して、長年好きだったあるミュージシャンに対する熱意が冷めるということが起きていた。きっかけはライブ発表時のあれこれから。おやや？　と感じつつチケットが手に入って会場には行けたのですが、己から湧き出てくるポジティブな意見は〝昔の曲はやっぱり良いよね！〟というものだけだった。数年前にあった約10年ぶりのライブはジャンル同窓会といった趣でとても楽しかったのに……。

同窓会というと、この2・5次元ミュージカルも、同じ原作を愛するファンの集まる同窓会とも言えるんじゃないか。2次元作品の映画化は今もひろく行われているが、比較的気軽に観られる映画とは違い、場所も時間も狭い範囲に限定される舞台は簡単には観に行けない。となると、観にやってくるのはコア層のファンで、ファンに受け入れられるようなサービス的な側面は当然だと思う。とは言え、同じ原作ファンでも、舞台そのものを受け入れられない方もいるだろうし、サービスを好意的に受け止めるかは観る人の心の問題なのである。

あるミュージシャンに話を戻すと、昔（原作）は好きだけど、現在を受け入れられないということは、自分の心が変わってしまったとして受け入れるしかないのであるなあ。悲しいことだけど。この悲しさを解消したいから、〇ンナムさんは舞台二期の発表を早くお願いします。

こぱん

昭和末期、愛媛県生まれ、渋谷系育ち、2次元の世界に夢中な現在。普段は比較的内容がかたい媒体の編集やりつつ、まれにライターをやっております。

連載エッセイ

ゴガク本編集者のつぶやき

大坪サトル

おおつぼさとる
1961年、島根県出雲市生まれ。旺文社の学習雑誌を手がける制作会社勤務の後、フリーランスを経て、現在、シュクラン㈱取締役。韓国語、アラビア語、ポルトガル語、タイ語などの語学テキストのほか、実用・エンターテインメント分野の書籍等の企画・編集・執筆も多数手掛ける。

「日本おたく」に祝福を！

語学本の編集に携わるようになって20年近くになる。この間、仕事柄、たくさんの語学教師、言語研究者と知り合いになった。吸い寄せられるほど深淵なる瞳を持つエバ先生もその一人である。

流暢な日本語を操る彼女は、ＩＣＵ（国際基督教大学）の講師であり、現在放送中の「テレビでアラビア語」の講師も務める。しかし、そんな彼女ですら、カイロ大学日本語学科に入学した当初、果たして自分は日本語を習得できるようになるのかと不安ととまどいを感じたと言う。なぜなら、日本語にはひらがな、カタカナという異なる形の表音文字が50音ずつと、音訓という2種類以上の読み方を持つ漢字が、僕ら日本人ですら知らないほど無数にある。そして少なくとも、ひらがなとカタカナ、そして基本的な漢字をマスターしなければ、日本語の読み書きは覚束ないからである。それを知った途端、日本への大いなる憧れを抱いて日本語学科の門を叩いたエバ先生が、暗澹たる気持ちになってしまったのは無理もないことだった。

だが、うれしいことに彼女はくじけなかった。

「できないからやめるのではなく、できるようになってからやめるかどうか決めよう！」

こうしてエバ先生は日本語の文字たちとの格闘を始め、努力の甲斐あって見事に自分のものとする。そして２００２年来日。日本への留学も果たし、博士号を取得し、現在に至る。

そんな話をエバ先生の口から聞いたとき、日本語母語話者である僕は、なんだか申し訳ない気持ちでいっぱいになってしまった。それは取材にやってきたテレビクルーに「こんなところまで、ご苦労さまです」と深く頭を垂れる田舎のおじいさん、おばあさんの心情にどこか似たものだった気がする。

話は変わるが、最近、エバ先生の母語であるアラビア語への関心が少しずつ高まっているように思う。4年ほど前に精根込めて企画編集した『アラビア語単語帳』（NHK出版）も確実に版を重ねている。これはアラビア文字をテレビでよく目にするようになったことも理由の一つではないだろうか。ＩＳだの難民だのと、どちらかと言えばネガティブな話題が多いのだが、現地放送局のニュース映像が日本のニュースで流れる際、画面の下あたりに右から左へニョロニョロとアラビア語が走る。その露出度の多さが少なからぬ日本人のアラビア語学習意欲を刺激しているのかもしれない。実際、アラビア語を「学ぶ」とまでいかない人たちにもアラビア文字が認識され始めているようである。

「あのミミズみたいな文字がアラビア語だろ？　あんな文字覚えられないよ」

ここ数年、よく聞く言葉だ。でも、アラビア文字はたったの28文字。発音記号までも入れても40に足らないほどしかない。1文字の画数も漢字に比べれば圧倒的に少ない。日本語を学ぶ外国の人たちの苦労を思えば、そして僕たち日本人が学んできた文字数から比べれば、取るに足らないほどの量の文字なのである。しかし、何故かみんな、〝無理・不可能〟という名の壁を素早く拵えては、自分を小さな檻の中に閉じ込めてしまおうとする。無理しなくても、今のままこぢんまりとやっていくのが幸せという考えもあるとは思う。だが、人生わずか数十年、何でもいい、ちょっとだけチャレンジしてみてもいいのではないか。そして、そのチャレンジが語学なら、アラビア語なら僕はうれしい。

2年前の夏、お台場でのエバ先生の結婚披露宴に招かれた。お相手は日本企業に勤める超イケメンのエジプト人エンジニア。美男美女とはまさにこのカップルのことだ。エバ先生は新郎とともに僕のところに来て、満面の笑顔でこう言った。

「私たち二人とも〝日本おたく〟なんです！」

どうやら新郎も、エバ先生と同じようにひらがな・カタカナ・漢字という大きな山を乗り越えてきたチャレンジャーのようだ。思わず、僕は深く頭を垂れた。

スペシャルエッセイ

だいじょうぶ、ニールがいる。

生きづらい時代を生きる中高年のためのニール・ヤング案内

米田郷之

よねださとし
水瓶座。書評及び音楽評を「ストレンジ・デイズ」（ストレンジ・デイズ）、「CDジャーナル」（音楽出版社）、「レコード・コレクターズ増刊」（ミュージック・マガジン）、『ニール・ヤング（KAWADE夢ムック 文藝別冊）』（河出書房新社）ほかに寄稿。目下、睡眠障害をはじめ「老い」の洗礼を受けている真っ最中。ニール・ヤングの『ハーヴェスト』各国盤と、他のミュージシャンによるニール・カヴァー関係には目がない——即買う。

あのとき君は若かった、はず——

例えば、若い人たちに年齢を聞いた時、「ああ、その頃の自分は……」と思い出すことは多い。しかし、その逆で、自分より年上の方と話していて、「そんな歳なんだ」と思うことはあっても、じゃあ、その人が僕の年齢の時に何をしていたか——にはあまり気がいかないのではないだろうか。

例えば、僕は今58歳。睡眠障害、性欲減退、記憶力低下……早い話、とにかくどんどん気力がなくなっているのである。楽しくないし、やる気が出ないし、積極的になれない。そういう状態に陥っている。友人の言うように「それって、男の更年期なんじゃ?」なのかもしれないが、自分の状態をもてあましていることは確かで、なんとかしないと、と思っている。だったら、とふと気になったのだった。「あの人」は僕と同じ年齢の頃、何をしていたのだろうか、と。もちろん比べられるような人生ではない。でも、僕にとっては「あの人」が現役でいる限り、早々に怠けるわけにはいかない、そういう存在なのだった。

新作『アース』ジャケット

『アース』のＨＰから飛ぶと、ここへ。http://www.goearth.org トップページ

それは、ニール・ヤングという御年70歳のロック・ミュージシャンである。

知ってる人は知ってる、けれども、そうでもない人は『別冊文藝　ニール・ヤング』（河出書房新社・刊）に「アルバム作品、一気駆け足レビュー」という12頁でニール・ヤング名義の全作品を説明した拙文が掲載されているので、是非ご参照いただきたい。

さて、ちょうどこの原稿とタイミングを合わせるようにニール・ヤングの新作が出る。これがまたすごそうなのであった。

実は執筆時点では聴けてないから音はわからないのだが、タイトルが『アース』、電子蚊取りではない、そう、地球なのである。そのうえ、驚くなかれ、ＣＤ2枚組、アナログ3枚組！　という、収録時間が昔と比べると長くなった現在にあっても珍しい、いわゆる大作なのである。後述するが、２０１２年10月に当時のスタジオ新作で『サイケデリック・ピル』というのがあり、これも同様の形態で出しているが、今回のはライヴ。そのうえ新曲は1曲のみだが、だからといって出せばいいのかとか長けりゃいいのか、という批判は当たらない。14年、15年と短い間隔で出された2枚が全部新曲だった、という反論も成り立つし、以下で述べるが、「単なるアルバム」ではなさそうなのだ。

彼のＨＰによれば、その新曲以外は彼の過去の曲の中から「アース」＝地球という我々が共有している惑星の生命の本質に触れる曲ばかりを選んだと記してある。「マザー・アース」『カントリー・ホーム』「モンサント・イヤーズ」「ヒューマン・ハイウェイ」……こう並べてみると、なんとなく感じがつかめると思う。

それだけではない、地球――という大仰なタイトルはしかし、どうも本気なのである。まず『ＥＡＲＴＨ』のページに行き、その後「ＩＮＦＯ」を押すと、「http://www.goearth.org」というページに飛ぶ。そこには「アース・エコロジー」とか「グッド・ライフ」とか「フリーダム・アンド・ジャスティス」とかの文字の書かれたアイコンが並んでいて、こうなると、どうも単なるアルバムではなく、ある運動体の一つの形としての音楽作品という扱い――ということなのらしい。

もはや、彼にとっての音楽は音楽のみとして存在するのではなく、大きな世界の一つの事象としての位置づけになっているのか？という考えが当たってるかどうかはともかく、『リヴィング・ウィズ・ウォー』同様の、新たな展開の可能性を秘めたスケールの大きい作品であることは確かなのだ。

で、文章の流れ上、わざと念を押すけれど、そういうニール・ヤングは１９４５年11月12日生まれの、さらにしつこいが、70歳なのであった。

かたや、58歳の僕――。どう考えたって、これでいいわきゃない！のであった。

というわけで、まずは僕自身のために、未だ現役感が（いや、感じゃなく、現役だし）半端ないニールの人生を、58歳あたりから振り返ってみようと思う。

「孤独の旅路」と卓球部

だがその前に少しだけ――。

僕が彼に初めて出会ったのは、について触れておく。あの「孤独の旅路」（ハート・オブ・ゴールド、です）がヒットした72年。僕が中二、14歳であった（今思えば、意味深な年頃である）。つまり、44年間、彼を追いかけ続けてきたことになる。田舎の駅前にあったレコード店から流れてきたオリジナル・キャスト「ミスター・マンディ」で洋楽に魅入られた僕は、少しずつその世界へ足を踏み入れていたのだが、ある日、卓球部の先輩の家で、エマーソン、レイク＆パーマー『タルカス』、ディープ・パープル『ファイアボール』の後に聴かせてくれた（未だに情景が思い出せる）のが、ニール・ヤングという人の「孤独の旅路」というシングルであった。このイントロ、この声、このメロ、この哀愁感……もう別格！　神の啓示とはこういうものかと今でも思えるもう奇跡のようなドンピシャ感（としかいえない）で、「先輩、この曲を何度も何度も聴かせてくださいよぉ」と叫びたいくらいだった。ＥＬ＆Ｐも、ディープ・パープルも悪くはなかった（実際、後に『展覧会の絵』を買うし、「ファイアボール」は曲として今でも大好きだ）けど、ニールを前に影は薄かった。

僕が叫んでも叫ばなくても、結果的にこの曲は大ヒットするのだが、これを機にまずは当然「孤独の旅路」収録の『ハーヴェスト』、続いて、友人の兄から買った『アフター・ザ・ゴールド・ラッシュ』、続いて正規購入(?)したセカンド『ニール・ヤング・ウィズ・クレイジー・ホース』――と聴いていき(この3枚を聴けば、彼の作風はほとんどわかる)、その頃から買い始めた「ミュージック・ライフ」誌やライナー・ノーツを貪るように読んで、ニールという人を勝手に(今から思えば当たってなくもない)作り上げ、当時は青いなりに真面目に「孤独の旅路」の「ハート・オブ・ゴールド」って何だろ、というのをずっと頭の片隅に置いていた気がする。

また、激しいギターをかき鳴らして叫ぶ彼とアコギの弾き語りで美しく繊細に歌い上げる彼――がいることを知り、振れ幅は大きいけれど、だからこそ、人間らしいというか信用できるというか、そこら辺の(当時の)アコギ中心のシンガー・ソング・ライター(この言葉自体にも問題がある)とはちょっと違うぜ、という、口には出せないけれど密やかな誇りを勝手に持っていた。

シングル盤「孤独の旅路」ジャケット

名盤『ハーヴェスト』ジャケット

で、ニールに深く入っていく運命(なのか?)を決定づけたのが高校一年の秋の出来事である。

僕が所属する卓球部で、ちょうど三年生が引退し、一年生と二年生での活動が始まった頃である。「ランニングしてから、卓球台に向かうこと」、これが部の新体制のルールとして決まった。で、ある日、10人ちょっといた僕たち一年生はいつものごとくランニングをし、卓球台で打っていた。

そこに、二年生がばらばらとやってくる。てっきりランニングに行くのだろうと思っていたら、「俺たちが台を使うからどけろ」であった。え? ランニングしてからでは? と思ったものの、しょうがない、不満な顔をしながら一年生たちは台を譲った……。はっきり言って、僕自身はそんなには怒りは湧かなかった。中学時代から知ってる先輩も多かったし、そういう人たちだともうすうすわかっていたからかもしれない。練習が終わった後、しかし、一年生はみんな怒っていた。更衣室で「ふざけてるよな、ランニングもしてないのに台使うなんて」「ひどいな、あれは」「なんか三年生がいたときの方がよかったよな」という言葉が次々と出てきたのである。

とはいえ、それはその日で終わり、と考えていた。ところが、翌日、授業が終わって、部活動が始まる前。一年生たちが、なぜか僕のところに集まってきたのである。で、みんな怒っていた。彼らの口から出たのは「で、どうする?」だった。「どうする?」って何？　こっちが訊きたいくらいだと思ったけど、そんなに怒りを表明したいのか、と考えた僕は「なんかやるとしたら、ストライキしかないんじゃないか」と答えた。結局、その日の練習に一年生は誰も参加しなかった。一言付け加えておくと、ウチの高校は田舎のいわゆるフツーの進学校だが、その数年前まで学生運動の名残があり、そのおかげで、田舎の高校としては珍しく「制帽自由化」「長髪自由」という権利（？）を勝ち取っていた。それゆえ、逆に暴力などの粗暴な行為とは全く無縁の環境であった。

で、そういう状況だから、鉄拳制裁などとも無縁だった。がそれでも当然、その翌日、二年生から一年生に全員集合のお触れが出る。今でも覚えている。生物室に集められた一年生は二年生と対峙することになった。二年生が訊く。「なぜあんなことをやったんだ？」「……」誰も答えない。え？　なんで？　と思う僕。しかし沈黙はそのまま続く。しょうがないから、僕が口火を切った。「ランニングしてから台を使う、というルールだったはずですが。それを守っていらっしゃらなかったからです」。「他の者はどうなんだ？」。また沈黙。「F井は？」「僕は別に何もありません」え？え？　おととい更衣室で文句言ってなかった？　それを聞いて他の二年生が「米田は今の体制が嫌なんじゃないか？」僕「違いますよ。単に約束を守ってほしかっただけで」。「他の者もそうなのか？」しーん。僕は自分の置かれている状況がおかしなことになっているのに気づき始めた。しかし、もう遅かった。「そうか、何もないんだな。じゃあ、今回のことは、米田一人と俺たち（二年生）の問題なんだな。わかった。じゃあ、解散」

その声で、ほっとしたように次々と席を立つ同級生。呆然とする僕……。僕一人対二年生全員って……？　とても僕はその日の部活に行く気は起きなかった。

――ちょっと過剰にドラマティックになってしまった部分もあるし、なんか自分が傷ついたピュアなヒーローぶってる気もしてここに書くのは恥ずかしいけれど、まあ、今から考えれば、確かに小さなことではある。でも、高一の心は傷ついた。

その日の夜は、ニールの「歌う言葉」「サザン・マン」「カウガール・イン・ザ・サンド」「ドント・ビー・ディナイド」などの激しいナンバーを一緒に歌い、「アイ・ビリーヴ・イン・ユー」「孤独の旅路」「ラニング・ドライ」……などでしんみりしたりしていた。しかし、こういう「怒り、挫折感、悲しみ」という気分と、激情エレクトリック・ギター及び叫ぶようなヴォーカル、一方で美しくウェットな悲しみや癒しに溢れた優しい曲はピッタリで――つまり、怒っても泣いても、彼一人で十分だということなのだった――。

57、60、64……とニールの人生すごかった

一気に時は流れ、本題、すなわち僕が58歳の現在に戻る。今から考えると、自分自身のそういうリアルで追い詰められた体験なしには、ここまで彼や彼の作品にのめり込んでいくことはなかっ

たかもしれない、と思う。切実に何かを求めた時、そこにはニールの声と演奏があって。それはものすごい幸運なことで、そしてその後も、さらに運のいいことに、僕のニール像は「ほぼ」裏切られることはなく、逆にニールの音楽がどういうものなのか、それがだんだんわかってくるようになって、結局、こういう文章を書く58歳まで続いている、ということなのだ。

というわけで、ここに至ってようやく、ここまで何度も書きながら遠回りしてきたことをやろうと思う。そう、ここから12年ほど遡って、彼の57〜70歳の道のりを見てみよう。

まず、僕よりも1歳下、57歳の時の彼が２００３年に発表したのが『グリーンデイル』。

同名の架空の街を舞台に、そこで暮らす人々や起きた事件などを描いた「物語仕立て」のアルバムである。こういういわゆるコンセプト・アルバムなら昔からなくもない。が、その後が違うのだった。初回エディション付属のＤＶＤには全曲アコギ弾き語りのライヴが入っていたが、続くセカンド・エディション（こういうのありか、と当時は驚いたが、はたしてこういうことをやったミュージシャンはいるのか?）ではクレイジー・ホースとの演奏の実写に、ニール撮影の粗い8ミリ・フィルムで作られた映画版を組み合わせた映像（ややこしい！）が収録され、その後実現した来日公演の舞台ではバンドの生演奏に合わせて生身の役者が口パクで物語を演じつつ背景のスクリーンには件の映画が流れる複雑かつ多角的な（観た人しかわからないと思うが）ステージとなり、もういろいろあって、書けば書くほどわからなくなるが――そのうえに、他にこの架空の街の物語に登場する画家の作品集（つまり、架空の画家の絵だ）まで出版され、さらに絵本まで出た。

ここまでくるとは――！　すなわち、1枚のロックのアルバムがどんどん形を変えては違う形式の表現に移行し展開していくという、まさに怪物のような作品になったのだった。そもそも、こんなことを考えるのは誰なのか？　彼だけなのだ。同時に、これがいい意味で、それまでのニールからは思いもよらなかった（のは僕だけか?）形で、表現の幅を一気に拡げた作品でもあったのだった。それが、57歳だった。

次は60歳に行く。彼は何をしたか。

06年、「若い人たちが何も言わないから」と、イラク戦争という現実に対し反ブッシュ・反戦メッセージソングを含む『リヴィング・ウィズ・ウォー』をわずか2週間（！）で制作し、静謐なアコギ作品だった前作『プレーリー・ウィンド』のなんと7カ月後には緊急発

57歳の時の『グリーンデイル』ジャケット。ファースト・エディション

同じく『グリーンデイル』セカンド・エディション

売してしまう。切迫した現状に押され、思いが瞬時に音になったような、激しさがいつの間にか得も言われぬ「美しさ」に昇華したような——とても2週間で作ったとは思えないメッセージ性と音楽性の高さが魅力。

その感動がまださめやらぬままに、その裏（ラフ・）ヴァージョンとも言える『Living With War : In The Beginning』を続けざまに出す。「表」盤と異なりコーラス隊はいないし、音も厚くはない。しかし、生々しさとより切迫感が全面に出ているサウンド面もだが、『リヴィング・ウィズ・ウォー』の全PV（シリアスな映像の嵐）及び全曲のレコーディング風景、高音質ヴァージョン、関連レビュー、彼自身のTV出演映像など、彼の『リヴィング・ウィズ・ウォー』プロジェクトの全要素をぶちこんだ付属DVDがとにかくすごすぎる。

というわけで、こちらもメッセージ色の強い1枚の単なる新作、では終わらなかった。そのまま彼のHP上ではイラク戦争を巡るさまざまなトピックを新聞形式で頻繁に更新しながら（普通、ミュージシャンがやる?:）、クロスビー、スティルス、ナッシュ&ヤングとしてアメリカ国内30以上の主要都市を回る大々的な「スピーチ・オブ・フリーダム」ツアーを7月に敢行するのだ。ここで、想像してほしいのだが——というかDVD『デジャ・ヴ　ライヴ』を観ればわかるのだが——一番強烈な件の曲「レッツ・インピーチ・ザ・プレジデント（大統領を弾劾せよ！）」の歌詞が歌われた瞬間の場内の騒然とする様子は何度見ても鳥肌が立つ。歓声と怒号が飛び交うのである。音楽だろうがデモだろうが、主張の最前線にいるということはこういうことだ。これをアメリカの各都市行く先々で、多くの観衆の前で、60歳のニールをはじめとするおっさん4人組が強烈に繰り返し続けるわけである。なぜか。立場はどうあれ、本気だから、である。もはや正しい正しくない、ではない。何も言わないままでいるのが一番ダメだと思っているからである。

で、その後もニールからは、一歩一歩の足跡を深く強く刻むような——ユニークかつ柔軟な発想に基づいた、若い頃よりも一回りスケールが大きく太くなった——作品ばかりが出てくるのだ。まさに老いてますます盛んというのを体現しているかのような勢いであった。

まずはあのダニエル・ダノワとまさかのタッグ作『ル・ノイズ』を09年64歳で発表。基本的には轟音ギター1本の弾き語りで、ニールのあの甲高いヴォーカルがからむのみ。彼はここまでで御役御免である。あとはラノワ任せ。彼がS／Eやエコーやディレイ音（これらも混ざり合っている）を被せてくれて、（多分ニールにも）予測不可能だったはずの酔うようなめくるめくサウンドの世界が現出した。「ラノワとやる」このひらめき一発で、ニールが「メタル・フォーク」と呼ぶ、初めて出会う美しくも幽玄な世界。過去に、誰が想像しただろうか。

66で2枚、68で恋愛、70でスタバとおさらば

翌12年にはアメリカのフォーク・ソングのカヴァー集でありながら絶対に原曲がすぐには浮かばないぶっ飛んだ（狂った？）アレンジに変わっている『アメリカーナ』（これも、誰が考えたんだか……）と、この調子のまんま次作に突入したかのような、16分台の2曲、28分弱1曲を含むCD2枚組、アナログ3枚組のボリューム『サイケデリック・ピル』——の2作を、短い期間で発表してしまうのだ。これ、66歳ですよ。66歳で2枚！

次は、あのジャック・ホワイトのスタジオにあった公衆電話ボックスのような昔型の録音ブースに興味を覚え、その中で他人の曲を弾き語りでカヴァーした不思議な作品『ア・レター・ホーム』を14年4月、68歳（僕はあと10年!!）で発表。これが、68歳の味なのか、もう飾るものも何もなく、力みも抜けて歌う、ただただそれが心地よい。言わば人そのものが鳴っているようなサウンドに、音楽というものの持つ奥深さを見せられたような気になる。

そしてそして、まさかまさかの出来事が心を撃ち抜く。その（14年）夏、に飛び込んできたニュースである。68歳にして、六代目円楽も顔負けの老いらくの恋、である。円楽は不倫で終わったが、ニールは違う。その結果、三十数年も連れ添った愛妻・ペギと別れる決断をしてしまうのだ、68歳で。新しい相手というのは、あの不思議系女優・ダリル・ハンナ。いい年して何をとち狂ったのだと真意を測りかねていたのだが、そういう流れで同じ年の11月に発表された『ストーリートーン』は、「彼女のためにこのアルバムを作った俺」による彼女のための自己紹介みたいな作品で、もうめろめろ以外の何ものでもない「恋する男」アルバム。どの曲も「好き好き好き好き」としか聴こえない（笑）のだ。とはいえ、元々悲しげで細いヴォーカルで歌うときの彼の声の美しさは昔から、「天国の歌声」と呼んでいいくらいの胸キュンものなのだが、この作品には背景にそういうリアルな事情があるわけで、それゆえ複雑な気持ちで耳を傾けたら、これがもうただただ美しすぎて——。それが尋常ではないのだ。個人的な事情をただただ垂れ流されてもな……と思わないではないが、本来の彼が持っていた美しさが68歳にして結実した、それも個人的事情で。それだけでも出した意味はものすごくある。計算抜きの絶対的ピュア——というか、もう分別なしの無垢状態がどんだけ輝きを放つものであるかを見せつけられた気がして、うらやましいというか（68歳の恋は確かにうらやましい！）、ああ、この人はすごい……とただつぶやくしかなかった。

——という、プライベートな作品の次がうってかわって、超社会派作品『ザ・モンサント・イヤーズ』ということになるのであった。この作品のクレジットに「DH Love Life」というのがあって、そこまで書く

『ストーリートーン』ジャケット。なぜかニールの自伝第二弾のカバーと同じコンセプトのイラスト

か――と感じたファンは多かっただろうが、これは、勘違い。単にDH＝ダリル・ハンナのHPの名前である。彼女はシー・シェパードの捕鯨抗議船に乗船したり、パイプライン建設に抗議して逮捕されたりしている筋金入りの強者環境運動家でもあったのだ。

すなわち、ダリルとの出会いが、「そっち」に向けて彼の舵を一気に切らせたのだろう。出会いというのは恐ろしい。何度も言うが68歳である。そろそろ引退するから、別の相手と静かに暮らそうかな、ならわかる。彼の場合は逆である。新たな局面、言い換えればめんどくさい（語弊があるが）ことにさらに足を踏み入れようとしたのだ。

そう、モンサントだ。ここはベトナム戦争での枯れ葉剤を作った――と言えば、ある年代以上の方はおわかりだろう、あの枯れ葉剤の――会社である。近年、ここが除草剤ラウンドアップとそれに耐えられる遺伝子組み換え作物をセットにして販売する、という、マッチポンプ商法でどんどん世界の食糧事情を浸食しているのである。それを、多分ダリル経由で知ったニールが作ったのが『ザ・モンサント・イヤーズ』なのだろう。「もんさんと～」とへなへなコーラスで歌われる「ア・ロック・スター・バックス・ア・コーヒー・ショップ」（タイトルが絶妙！）を始めとして、例えば従来であれば激しく糾弾したであろうアグレッシヴな主張とは異なるニールの「亀の甲より年の功」をうかがわせる――というより、「モンサントって何？」という関心を持たせた功績がまずは大きいのだが――好盤なのだが、どうしても、頭にはダリルとの関係ばかりが浮かんでしまうのであった……。

達観しないこと――

ここまでなんとか追っかけてきたが、さすがに誌面切れである。ミュージシャンのアーカイヴ・ボックスとしては空前絶後の充実さだろう『同VOL・1（ブルー・レイ版）』、デジタルな音にどうしても満足できず、だったら自分で――とプロジェクトをたちあげ、開発に関わり商品化にこぎつけた超高音質音楽プレーヤーPonoについても書きたかったが、割愛する。興味があれば是非調べてみてください。自分がイメージしたものへの妥協のしなさ、実現に対する飽くなき行動力などにさらに驚くはず。

以上が、58歳前後以降の彼の変化に富んだ、かつ力に満ちた、かつめろめろ（笑）な作品（人生）だが、それ以前も、予測不可能な、しかし決してスマートではないドタバタした人生であった。

例えば――。『ハーヴェスト』の大ヒットで名声を得た彼は、「そのまま」無難にやってれば「そのまま」で数年は行けたのに、それを嫌って（逃れるかのように）でかい会場でのライヴはやらなくなる。そのうえ、この大ヒットの次に出したのは、自ら監督した映画『過去への旅路』のサントラ（！）。とにかく、「成功」が嫌で嫌でしょうがないかのような態度のまま、続く初のライヴ盤『時は消え去りて』をなんと全曲新曲で構成するという――いいアルバムなんだけど、まあ、フツーはこれだとファンが消え去る――暴挙。

その後、リプリーズからゲフィンに移籍した最初のアルバムが誰も考えてみなかった作品だった。当時「ニール・ヤングがテクノをやった」と言われた『トランス』である。ヴォコーダーを使ったヴォーカル処理とキーボード中心のサウンドがそう呼ばれたのだろうが、当時で言う、例えばＹＭＯのようなものじゃなかった。結果としては、高いヴォコーダーと甲高くて細いニールの声がものすごく親和性が高く、哀愁を醸すいい作品になっていたのだが。しかしレコード会社からは文句を言われ。じゃあ、というわけで、カントリーどっぷりのアルバムを作るが、却下されて「ロックをやって」と言われたから、髪をポマードでなでつけた(!?)出で立ちでショッピング・ピンクスというバンドを従えて、ロックを遡ってロカビリーのアルバムを作る……。

　こういう人生であった。が、過去にこういうことがあっての50代後半以降だったことは間違いない。

ニールがテクノをやったと言われた『トランス』ジャケット

「孤独の旅路」という邦題をつけた当時の日本の担当者は先見の明があったとつくづく思う。あれが、「輝く気持ち」とか「黄金の心」だったら、はたしてどうだっただろうか？　結果的にあの題名は彼の代名詞になったし、実際に、彼は「孤独に」、でなければ「孤高に」生きてきたのである。自分でなすべきだと思ったことを、一人でもやろうとしてきた。妥協せず、とどまらず、声に出して、常に歩む——彼がやってきたことは、ただひたすらこれだった気がする。

　先に紹介した『文藝別冊　ニール・ヤング』の中で、「なぜ彼は未だに続けてこられたのか？」という僕の質問に、評論家の湯浅学氏は「達観しなかったから(笑)」と答えている。

　世に溢れる人生本には「悩まない方法」や「怒らない方法」、つまりは、心が平静を保てるような人生の送り方（の方法？）が書いてある。しかし、逆ではなかろうか。悩むのが当たり前で、常に達観できないままに悶え苦しみ、しかしその中でいかによりよく生きようとするのか——それが人生なのではなかろうか。僕は、ニールの人生が語るのはそういうことだと思う。そうなのだ、彼は安息の地を一度も求めなかった——というより、求めたかもしれないが、安息はしなかった。今もしていないだろう。ならば、僕らはもっと頑張っていいはずだし、逆に、もっと悶え苦しんでいい(当たり前な)のだ。だって、ニールがいるんだから。

　最近は、僕が好きになった頃の、長髪のシャイで繊細そうなニールの面影はさすがにない。しかし、出っ張った腹と薄くなった髪で、体を揺らしながらギターをかき鳴らす彼の姿は——右記のことを知ればこそ——いくつになっても愛しいのだ。

編集後記

何かに意識を傾けているとその何かに関する「縁」「引き」を感じることはよくあります。本誌でいうとまず巻頭特集。これは『点線面』版元でもあるポンプラボ刊『36　書く女×撮る男』の著者・森下くるみさんが『ちひろ』愛読者だったことから生まれました。『ちひろ』愛読者といえば、ということで取材を依頼したのが植本一子さん。その際の世間話から植本さんが都築響一さんの書評集で一部撮影を担当されていたことを知り、入手したところそこに高月靖さんの本を発見、別のテーマでご相談していた原稿を急きょ掲載のものにチェンジ――と、行き当たりばったりに見えなくもないその他もろもろの「縁」「引き」体験の堆積の上にこの本はできています。ちなみに本誌のトレードマークはデザイナーOさんの当初案（下図）から現状のものになったのですが、決まってからシルヴァスタイン『ぼくを探しに』の「ぼく」にちょい似。であることに気づきまた好きになりました。「ぼく」のようにあちこち転がっていろいろな出会いを味わいつつ出会いを提供できるような本になることを祈っていますというと他人事っぽいのでそうなるようがんばります。

最後に、本誌の制作にご協力をいただきました方々、本誌が読者の手に届く機会をくださった方々、手に取っていただいた方々、すべての方に心より感謝申し上げます。またよろしくお願いいたします。【T】

点線面トレードマーク案

STAFF

編集　点線面編集部
デザイン　大森由美（ニコ）
編集協力　手塚よしこ（ポンプラボ）

Special Thanks　秋田書店「エレガンスイブ」編集部

告知の・ようなもの

点線面 vol.2は
2016年内に刊行予定です

点線面　てんせんめん　vol.1

2016年9月9日　第1刷発行

編集発行人　立花律子

発行　ポンプラボ
〒167-0033
東京都杉並区清水3-22-15
TEL 03-5938-7283
http://www.pomp-lab.net

印刷・製本　株式会社シナノ パブリッシング プレス

ISBN 978-4-908824-01-2